主　　编	陈艺萍			
副 主 编	王育玲	余新春	翁海燕	
执行主编	宋永贤			
编　　委	张沧海	王鹭鹏	陈在家	洪松梅
	杨郎乾	林华东	陈美园	戴燕燕

同安曲艺作品选

厦门市同安区文体广电出版局
厦门市同安区文化馆 编

图书在版编目(CIP)数据

同安曲艺作品选/厦门市同安区文体广电出版局,厦门市同安区文化馆编.—厦门:厦门大学出版社,2018.8
ISBN 978-7-5615-6773-9

Ⅰ.①同… Ⅱ.①厦…②厦… Ⅲ.①曲艺—作品综合集—同安区—当代 Ⅳ.①I239

中国版本图书馆 CIP 数据核字(2017)第 323743 号

出 版 人	郑文礼
责任编辑	牛跃天
封面设计	李嘉彬
封底绘画	何金挺
技术编辑	朱 楷

出版发行　厦门大学出版社
社　　址　厦门市软件园二期望海路 39 号
邮政编码　361008
总 编 办　0592-2182177　0592-2181406(传真)
营销中心　0592-2184458　0592-2181365
网　　址　http://www.xmupress.com
邮　　箱　xmup@xmupress.com
印　　刷　厦门集大印刷厂

开本　720 mm×1 000 mm　1/16
印张　24
插页　2
字数　200 千字
版次　2018 年 8 月第 1 版
印次　2018 年 8 月第 1 次印刷
定价　95.00 元

本书如有印装质量问题请直接寄承印厂调换

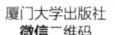
厦门大学出版社
微信二维码

厦门大学出版社
微博二维码

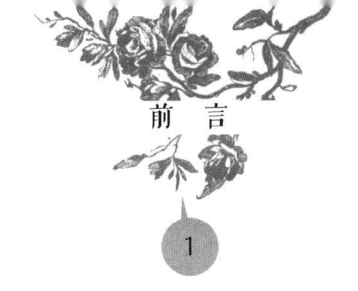

前　言

同安又称银城、银同、铜鱼城。同安历史悠久，置县于西晋太康三年(公元282年)，至今已有一千七百余年。同安向以海滨邹鲁著称，人才辈出、群星闪烁，留有丰厚的文化积淀。历代劳动人民也创造了丰富多彩、光辉灿烂的文化艺术。同安的民俗文化艺术之根深扎于民间，并不断地发芽繁茂，展示其古朴绚丽的风采。

同安的民间工艺和美术项目主要有民间绘画、纸扎、剪纸、刺绣、石雕、木雕、漆线雕、瓷贴雕、泥塑，其中以民间绘画最为著名。历年来，同安农民画家的作品多次获国家级、省级、市级奖项，出国巡游展示也赢得荣誉；各类作品被各级美术馆院收藏。1988年3月，同安被文化部命名为"中国现代民间绘画之乡"。

同安民间音乐具有漳泉两地色彩，有南音、八音、十音、歌仔调、宗教音乐、锦歌、褒歌、民间小调等流传。莲花、汀溪山区一带的茶歌、褒歌，具有浓郁的乡土生活气息，曲调优美，通俗易懂，体现人与自然的和谐之美。

同安流行的曲艺种类很多,有讲古(说书)、大广弦说唱、荷叶说唱、方言顺口溜和答嘴鼓等。每逢节假日、庙会和民俗节庆期间,都可以观赏到曲艺艺人们的演出。民间还流传许多脍炙人口的传统段子,像大广弦说唱《安童卖菜》《山伯病相思》,钱树说唱《朱子巷传奇》,方言顺口溜《后母心肠》《皇帝的查某仔也愁嫁》等。

同安搜集整理出版的民间三套集成计有民间故事二百余篇,民间歌谣二百多首,民间谚语四千多条,基本反映了同安的人文地理、名人名胜、物产民俗状况,留下宝贵的文化遗产。灯谜为同安人喜闻乐见,每逢元宵、中秋、春节都有悬灯竞猜之举,至今盛行不衰。历史上,享誉盛名的同安籍谜家有清末的王步蟾、近代的沈观格。沈观格著有两本谜书:一为《拙庐谈虎集》,二是《拙庐灯虎集》,给后人留下七百多条丰富谜作。

车鼓弄是同安特有的传统民间歌舞形式,动作朴实易学,歌词通俗诙谐有趣,几乎村村都有,被称为"闽南二人转"。同安地区还流传着许多外地传入的民间舞,如泉州地区传入的拍胸舞、戏灯、贡球舞,龙岩地区传入的采茶灯等。在民间祭祀活动中,还可以看到宗教舞蹈的表演。2006年,经过整理改编的民间舞《喜弄车鼓》荣获厦门市第三届群众文化艺术节舞蹈类比赛表演金奖。

在民间庙会、节庆日民俗广场表演、踩街活动中,我们还可以欣赏到民俗艺阵的表演,有水车阁、蜈蚣阁、化妆马队、踩高跷、舞狮舞龙等传统项目,最著名的为宋江阵。

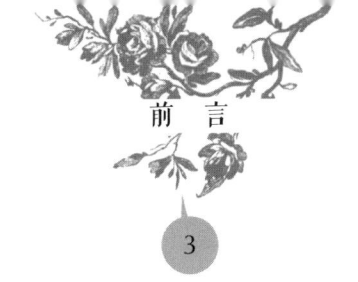

前　言

宋江阵源于明代抗倭斗争的军旅步战武术和阵法。郑成功的反清复明斗争又将其延续下来，逐渐演变成为海峡两岸人民喜爱、民俗活动中不可缺少的民间武术表演艺阵。

同安流传的民间戏剧主要为歌仔戏、高甲戏和木偶戏。木偶戏又称布袋戏、加礼戏。同安的木偶戏为掌中木偶，鼎盛时期曾有二十几个团在全区乡镇各地演出，受到群众的喜爱。同安歌仔戏剧团和吕实力（原华兴）芗剧团除长期活跃在闽南一带为乡间群众服务演出外，还多次远赴新加坡、文莱等国以及台湾和金门地区进行文化艺术交流，传播中华传统民俗艺术，受到当地人民的赞誉。

改革开放以来，随着我国经济建设的高速发展，各级政府越来越重视优秀传统文化的保护和传承。国务院，省、市各级政府颁发了有关保护民族、民间文化遗产的意见、通知、条例和规定。在同安区委、区政府的重视、关心和直接指导下，近年来我区文化部门大力挖掘、整理、保护民间民俗文化艺术项目，投入资金，恢复、巩固、传承具有特色的民俗文化艺术项目和表演团队，设立了各种示范点和培训基地，为我区开展大型群众性文化艺术活动、民俗文化艺术传承活动和弘扬和谐社会文化打下坚实的基础。

习近平总书记在第十次全国"文代会"开幕式讲话中提出："只有扎根脚下这块生于斯、长于斯的土地，文艺才能接住地气、增加底气、灌注生气，在世界文化激荡中站稳脚跟。"在十九大报告中又提出"坚定文化自信，推动社会

主义文化繁荣兴盛"。习总书记的重要讲话,为中国特色社会主义文化的繁荣发展指明了方向和道路。做"中华优秀文化的忠实传承者和弘扬者"已成为广大文艺工作者的共识。

"东风好作阳和使,逢草逢花报发生",十九大强劲的东风,挟着建设"富美同安"的激情,吹遍了古城的山川河流、田畴农舍,吹热了同安全体文艺工作者的雄心。万树东风欣泛绿,银城无处不飞花,同安民俗文化艺术之花将越开越艳,越开越香!

编　者

2018年3月

同安曲艺作品选

编辑说明

一、本书选编同安(大同安)曲艺作者的代表性作品,选编时兼顾了不同的曲种。

二、作品按作者出生年代展示,老曲艺家的作品适量多选。

三、遴选的曲艺作品以南方曲艺(特别是本地曲艺)为主,也选入部分北方曲艺(相声等)。南方曲艺用闽南方言创作,北方曲艺用普通话创作(作品特别注明的除外)。

四、由于资料不全,有的作者(作品)未选入。在此谨表歉意。

五、不同作者、不同时期创作的作品,在方言用字方面(闽南方言)可能不一样。

六、个别作品的主题思想可能体现的是创作年代的观念,反映的某些社会现象可能是当时的情况,这里我们仅将其作为艺术样式看待。

七、个别年轻作者创作经验不足,为了鼓励和促进,亦收入其作品。

八、囿于编者水平,错漏之处,敬请批评指正!

编 者

2018年7月

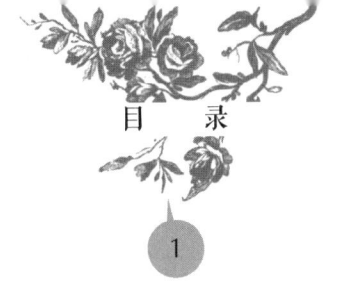

目　录

陈令督作品

邓小平巧用葫芦兵(荷叶说唱) ……………………（ 3 ）
侄儿·女儿·老爸(荷叶说唱) ……………………（ 9 ）
陈毅拜会陈嘉庚(锦歌说唱) ………………………（ 16 ）
三球一箱(答嘴鼓) …………………………………（ 20 ）
惊(答嘴鼓) …………………………………………（ 28 ）
车鼓新歌(车鼓调) …………………………………（ 38 ）
历史名人歌(歌仔说唱) ……………………………（ 42 ）
山伯病相思(大广弦说唱) …………………………（ 45 ）

王泗水作品

廉价书记(答嘴鼓) …………………………………（ 59 ）
呣分大家(答嘴鼓) …………………………………（ 68 ）
语言,走到都落拢着学(答嘴鼓) …………………（ 74 ）
闽南人,说闽南话(方言快板群) …………………（ 82 ）

只讲带族谱(答嘴鼓) …………………………………（ 85 ）
扛倒返(车鼓戏) ……………………………………（ 89 ）
选错人(说唱) ………………………………………（ 96 ）
平安就是财(说唱) …………………………………（ 99 ）

陈清平作品

厦门地名学(答嘴鼓) ………………………………（105）
添福伯仔开杧行(答嘴鼓) …………………………（114）
郭山龙讫支嘴(厦门说书) …………………………（118）
珍珠糜凤眼脍(说书) ………………………………（124）
咏厦门八景(南曲词) ………………………………（129）

汪宗辉作品

愚团不孝(答嘴鼓) …………………………………（133）
天顶敢会落馅饼(答嘴鼓) …………………………（138）
竞选村长(答嘴鼓) …………………………………（145）
信　啥(答嘴鼓) ……………………………………（149）
皇帝的查某仔也愁嫁(答嘴鼓) ……………………（154）
牵猪哥,好名声(方言顺口溜) ……………………（157）
同安颂(方言顺口溜) ………………………………（167）
　(一)同安风景值得游 ……………………………（167）
　(二)同安美食知多少 ……………………………（172）
　(三)同安历代名人录 ……………………………（176）
　(四)"一村一品"皆名牌 …………………………（181）

彭炳华作品

投　案(小品) …………………………………… (189)
海上救护(答嘴鼓) ……………………………… (194)
压岁钱(小品) …………………………………… (200)

宋永贤作品

同安好迌迌(答嘴鼓) …………………………… (209)
乡贤相会(答嘴鼓说唱) ………………………… (214)
比名牌(答嘴鼓说唱) …………………………… (221)
唱厦门(大广弦说唱) …………………………… (226)
新妇见公婆(月琴弹唱) ………………………… (228)
家乡情(南音) …………………………………… (233)
唱咱兜叫汀溪(车鼓词) ………………………… (235)

林华东作品

不怕"莫兰蒂",我们"人人在"(相声) ………… (243)
"法"力无边(相声) ……………………………… (249)
人民群众的最大利益才是"霸王条款"(相声) …… (257)
怎一个"假"字了得(相声) ……………………… (263)
这能怪我吗(相声) ……………………………… (272)
跟孩子学家训(相声) …………………………… (278)

郭建居作品

咱的好模范(答嘴鼓) …………………………… (287)

听老师嘴　会大富贵(答嘴鼓说唱) ……………… (291)

戒　烟(答嘴鼓说唱) …………………………… (299)

学好唔学歹(答嘴鼓说唱) ……………………… (304)

阿嬷的话(答嘴鼓) ……………………………… (308)

国家强,百姓富(答嘴鼓) ………………………… (311)

黄国清作品

村长嫁查某仔(答嘴鼓) ………………………… (317)

新农村,大建设(答嘴鼓) ………………………… (321)

等车讲平安(答嘴鼓) …………………………… (326)

六合彩唔通筊(答嘴鼓) ………………………… (329)

戴燕燕作品

阮兜的大瓦厝(闽南童谣情景剧) ……………… (337)

彩色的青蛙(闽南童谣情景剧) ………………… (342)

棋乐(闽南童谣情景剧) ………………………… (348)

五月节(闽南童谣) ……………………………… (352)

黄海燕作品

虎王归来(童话剧) ……………………………… (357)

陈美园作品

阮的番片婆(说唱) …………………………………… (367)
阿爸真古意(闽南童谣) ……………………………… (370)

编辑说明 ……………………………………………… (372)

陈令督作品

邓小平巧用葫芦兵[①]

(荷叶说唱)

(前奏音乐,《解放军进行曲》主旋、荷叶彩头)

表　说的是一九四七年冬天,刘邓大军要渡过黄河南进中原,政委邓小平和司令员刘伯承想了一个计谋。有一暝——(暝,夜晚)

唱　黄河两岸地冻天寒,
　　飕——飕——飕——
　　六级北风呼呼瞋,(瞋,响)
　　伸手不见五指,
　　天地一片黑黢黢。(黢,云黑色)
　　南岸国民党兵成千上万,
　　但個贼心鼠胆六神不安,(個,他们)

[①] 首发于《厦门特区通俗文艺》1995年总第35期;获福建省第二届曲艺节创作一等奖、演员金奖(林赐福演唱,2002年10月,福鼎);获厦门市第四届"群鹭奖"创作银奖(2005年2月);参加厦门市文化系统庆祝香港回归专场演出。

探照灯,几仔十盏,
照到北岸河面白葱葱。(白葱葱,非常明亮)

表　即时阵两个敌哨兵,同时发现——(即时阵,这时候)

唱　河面上黑密密人头唎震动,(唎震动,在摇动)
头壳顶戴钢盔有几偌千人。

白　啊!殓好了!北岸共军渡河啦!

白　喂!喂喂!报……报告师座,发……发现北岸共军渡……渡河,有……有三四千人!

表　敌军隆裴师长随时攑起电话。(攑,拿)

白　命令!各部官兵,密切监视北面渡河的共军,一个也不准登陆,一定着甲伊消灭仃水面!

唱　说时慢,来时紧,
北风大,流水急,
解放军顺风洇渡已迫近,
南岸无数机枪大炮对准侾。

白　二百米,百五米,一百米,全部进入火力网,开炮!

(乐队拟音枪炮声)

唱　敌军一声开炮的命令,
枪林弹雨万炮轰鸣,
霎时间——
百束浪柱水面起,

　　　　万点血花河中沉；
　　　　黄河一时成血海，
　　　　震天动地惊鬼神。
　　　　即时隆裴师长心高兴，
　　　　白兰地规矸撑起来啉。（规矸，整瓶）（啉，喝）
表　　敌师长没想到即几千个渡河的头戴钢盔的"葫芦兵"，一批批，一阵阵，前仆后继，不怕牺牲，强渡前进。
　　　　隆、裴两师长在望远镜里看到安尼情景："啊，哎哟喂！"
唱　　共军实在真厉害，
　　　　存死存绝又佫泗过来，
　　　　我像猫偷食盐心扒腹，（扒腹，揪心抓腹）
　　　　守会无命，退会互司令掠去宰！
急念白　　隆老兄，怎样办，要怎样办？
急念白　　裴老弟，急求援，紧急求援！
表　　隆裴师长马上向战区求援，敌军司令慌张调兵遣将。正当敌军兵乱马惊的时阵，咱解放军第二野战部队，正面有"葫芦兵"牵制敌人，后壁就用准备好的几百只木船舢板竹排，趁风顺天暗，向敌人大摇大摆渡河，暗暗登陆。
唱　　神不知鬼不觉来到敌后，
　　　　天兵降天将落四面包抄。
　　　　轰隆隆，轰隆隆，轰隆隆……

铺天盖地千炮万炮,
打得敌军丈二和尚摸不着头壳。
攻势像脆雷迅猛,
前后夹攻敌人难逃生,
哎哟喂!无咧滚笑,(无咧滚笑,别开玩笑)
惊得隆师长骸软手也冷,
惊得裴师长屎泄尿煞斟。

表　一场不到三暝三日的歼灭战,像利刀斩乱麻。

唱　敌兵像乌仔鱼也趖破网,(趖,惊慌乱窜)
死的死,降的降,
血流成河尸遍野,
活捉隆、裴师长凑一双。

(音乐起,胜利、雄伟、亲切,出现《三大纪律八项注意》主旋)

表　战斗结束枪声停,岸边小船行出一位将军,伊穿插无像官却像兵。(穿插,穿戴)

唱　不惑之年四十外,
身材无高也无大,
面带笑容风度潇洒,
和蔼可亲官兵夸。

表　伊用四川口音对俘虏说。

白　恁佫未吃饭吧?

邓小平巧用葫芦兵

白	炊事班甲個做一顿饭菜,互個吃饱压压惊嘛!
表	即边两个失魂落魄的俘虏师长,攑头一看——
白	哎呀!是第二野战军邓政委邓小平!
表	俘虏师长惊魂未定,邓政委已经来到個的面前。
白	恁瞧瞧吧!恁六个正规师,全副美式装备,即阵怎样了呢?
表	隆、裴师长不服气,指着岸边红色河水和大堆的钢盔说:"邓将军,彼此彼此?"
唱	猴死猪哥也无命, 半斤八两无输赢。 恁也血流一河水? 恁也尸横规河坪?(规河坪,成片的河滩)
白	哈哈哈……
表	邓政委大笑,叫来警卫员小赵。
白	小鬼,来甲個上一课。
表	小赵接着说:隆、裴二位将军,恁听来——
唱	恁是有头无脑悾悾无中用, 恁是有眼无珠葫芦看作兵; 邓政委伊设计钢盔缚伫葫芦顶, 葫芦坠石沉下面; 佫结猪肠灌红墨水,
插白	猪肠仔中弹,红墨水流出来, 恁认为是血,将假当真。 邓政委伊巧用葫芦三千,

  假水兵渡黄河将恁牵制伫阵前,
   声东击西施妙计,
   一举歼灭隆裴兵。
表 俘虏师长听了面红耳赤,只是点头,嗨敢佫说半声。从此以后,黄河两岸人民流传一首歌——
唱 刘邓用兵真如神,
  渡河巧用葫芦兵。
  胜利进军大别山,
  计谋赢过诸葛孔明。
  解放战争大转折,
  向前向前向前!

(音乐再现《解放军进行曲》旋律)

三年解放全中国,
彻底消灭蒋家军!

(结束音乐,荷叶彩尾)

侄儿·女儿·老爸①

（荷叶说唱）

（乐队入座，演员出台，亮相。荷叶彩头）

唱　海湾建设热腾腾，
　　征地拆迁成重心。
　　严关密卡不徇私，
　　颂歌一曲唱两金。（两金，金小兰和金海山）

表　即个故事发生仃金县。金县副县长金小兰，個老爸是金店镇有名声的金海山。金海山的一间旧厝着拆迁，金海山心唔甘，说是风水宝地唔互人拆，想要轻松闯过宗侄、拆迁办主任金建东迄一

---

①　首发于《厦门特区通俗文艺》2004年第1期。获厦门市反腐倡廉文艺会演创作一等奖、演出金奖，林丽虹主演（2004年4月）。获"鸿佳杯"首届中国《曲艺》奖文学奖优秀奖（2004年8月）。获福建省"全国第十三届群星奖"选拔赛成人组铜奖（2004年12月）。获厦门市第四届"群鹭奖"创作银奖（2005年2月）。中央电视台《曲苑杂坛》"五一"特别节目录制（同安区歌仔戏剧团演出，林丽虹主唱）。

关。(迄,那)

唱　金建东伊大印把到恒恒恒,(恒,牢靠)
　　金海山伊好嘴嘈罗无采工,(好嘴嘈罗,好说歹说)(无采工,不中用)
　　气到面黑佮面青,
　　无奈搬请县长斗帮忙。

表　金海山一路风风火火,入城找着金县长,见面连骂带告状。

唱　小兰呀! 金建东即个臭小子,
　　赡晓做人势横行,
　　连我迄间旧厝也强要拆,
　　呀……我……
　　空挂即个县长老爸的名?!

表　老金一边紧泡茶相款待,一边想话消伊老人家的气。

唱　金建东三字早闻名,
　　讲伊比清官佮较清,
　　果然即关把得好,
　　我应该感谢伊小金。
　　老爸,汝免急——

唱　清茶一杯消消气,
　　何必急到安尔生。(安尔生,这个样子)
　　旧厝拆迁我拢知,
　　唔过……唔过想要化免实在难……

难于上青天!

表　金海山听着金小兰说困难,满腹怒火。
小兰呀!连汝也安尔讲?哼!

唱　水有源来事有因,
阮兜出了五个大学生,
即难道呣是地灵人杰?
即块宝地我一定要争!

表　哈哈哈……老爸!即是政府和教师栽培,还有恁的功劳和光荣。

白　光荣一个屁,金小兰!人说杀鸡免用牛刀,汝汝汝……

唱　汝牛刀杀鸡鸡睑死,
汝呣惊互人笑便宜?
汝官居七品啥路用?
汝即个县长值几个钱?
汝若公事要事缠满身,
汝就请伊姓金的来说明。
伊目对汝面,
我看伊亦着让汝三分情!

表　金副县长听讲要叫金建东来当面解决,心中暗暗地斟酌……

唱　小金明知阮至亲,
偏偏也敢不让人?
足见伊佛小神威大,

并非一般的才能!
不如顺水推舟,
解铃须请系铃人。

表 老金果断攥起电话筒:

白 喂喂……东部拆迁办吗?汝是金主任金建东……我是老金,金小兰。是……

是,喔,汝马上要找我……好……好,欢迎汝。

十分钟以后,金建东来到金副县长办公室。

唱 金建东罗依——

伊身高米八人大倚,(大倚,高个)

三十一二的岁声,

朴素大方,

县长面前理直气壮心无惊。

老金未开口,伊有礼有节先开声:"老金呀! 海山伯即张保留旧厝的报告……"

唱 汝若同意请签名,

不怕饮烫则可做鲍勺。(饮烫,饭汤烧烫)

村民住房拢已经拆,

怎能独准保恁阿爹?

群众愤怒往上告,

即份官司汝着吃!

此事与我无相干,

请汝原谅我是直肠人!

表 金建东拿出一包香烟:"海山伯! 友谊(牌)的,

点一支!"

唱　咱当面鼓来当面锣,
　　背后千万莫啰嗦,
　　老金办事为人样样好,
　　群众干部人人呵。(人人呵,有口皆碑)
　　难讲汝爱伊走歪路?(爱,喜欢)
　　难讲汝爱伊脸抹黑?
　　难讲汝爱伊犯错误?
　　难讲汝爱人叫汝老糊涂?!(爱人,喜欢人家)

表　金海山本想捉鹅䲎鸭母,没想到遇上金建东赫厉害,叫苦在心内,无话可答戆呆呆。即时小金互老金递了一眼,老金开始敲边鼓。(䲎,压)(捉鹅䲎鸭母,以大压小)

唱　老爸!国家总理周恩来,
　　啥人官位比伊夶?(夶,大)
　　三代祖骨捡入黄金内,(黄金,骨灰罐)
　　还地于民把路开。
　　小金伊满腔热情,
　　为的是,建设海湾的原因:
　　东部大振兴,通道必先行;
　　车路要掠直行,可节省大批资金。(掠直行,不绕弯)
　　咱兜厝宅偌呣拆,
　　政府就着多花千万银。

老爸,小小旧宅笔千钧!
非是女儿不讲情。
大局为重!大局为重!
求汝老爹亲!!

表 小金打铁趁热,现接落去说:"是是,海山伯,那'万寿花园'呀——"

唱 背山面海空气新,
环境优美较爽神。
海山姆伊亲自别墅选一座,
美国的女婿为汝筹资金。
今朝坐等乔迁喜,
明日健康长寿更精神。

白 海山伯,即款好代志,何乐而不为?!

表 金主任理直气壮,金副县长情晓意深,金海山哑巴苉死子,自认理短路穷,屁股似针粢,起身想要蹽……(哑巴苉死子,有苦说不出)

唱 女儿侄儿情不留,
老婆女婿新潮流;
我思想守旧自讨苦,
回家三两浇熄愁!
两位,请!

表 金建东回礼——
请……包……涵!
金小兰送老爸。

诵 即正是——
　　　改革开放涌大潮,
　　　风流人物看今朝;
　　　真金不怕烈火炼,
唱　两金璀璨更娆娇。

(结束音乐,荷叶彩尾)

陈毅拜会陈嘉庚[①]

（锦歌说唱）

闽海之滨集美乡，
山明水秀冠南疆，
天马浔江相辉映，
学村胜地名远扬。

在闻名世界的集美学村，住着一位爱国老人，伊是——

华侨领袖陈嘉庚，
时在一九五一年，
辞别星洲回集美，
学村扩展伊主持。
陈毅将军视察厦门时，
特来集美拜会陈嘉庚。
喇叭嘀嘀两声响，

---

① 首发于《厦门特区通俗文艺》1997春季卷（总第40期）。获厦门市第二届群众文化艺术节曲艺征文创作金奖（2002年12月）。

陈毅拜会陈嘉庚

　　黑色轿车停门前。
　　陈毅从车内出来，
　　双手反剪侧首看，
　　小楼触动伊心田：
　　啊！
　　集美幢幢高楼大厦，
　　嘉老住楼小又差，
　　相形见绌天壤别，
　　吾庐独破伊自领"傻"！
陈嘉庚笑着将陈毅迎入内。
　　室内排设真简单：
　　办公卧室无分开，
　　床上旧帐已发黄，
　　大孔小孔补佫组；
　　两只普通沙发椅，
　　一只椅面已破裂，
　　一只虽说有修理，
　　式样太老无合时；
　　一只破碗受青睐，
　　倒扣桌上当烛台，
　　半截蜡烛立碗脐，
　　废物利用独出心裁。
　　陈毅看了这一切。
　　一件件，一项项，

深深印在伊心间,

一时面露复杂的情感,

万分敬佩嘉庚老人。

陈嘉庚请陈毅吃茶。

陈毅随手从茶几上瓷盘取粒糖果。

一边剥开包装纸,

一边暗将嘉庚夸:

夸伊倾资办学精神伟大;

夸伊艰苦节俭的生活。

"嘉老,今日汝佫叫我想起延安。"

"喔,我即位比毛主席在延安时好侪啰。"

陈毅踱步窗前,

迎面楼群相连。

琉璃绿瓦光闪闪,

红墙彩壁嵌花岗;

校园村路,

绿荫成片;

杏湾浔江,

碧波连天。

好一幅学村画景,

真叫人忘返流连。

难为校主苦经营,

造福学子万万千!

诗人的激情激荡着陈毅的心胸,伊感慨万千:"嘉老,

陈毅拜会陈嘉庚

汝是先天下之忧而忧,后天下之乐而乐哟!"

"惭愧,惭愧!嘉庚不敢窃此美誉。只是积少成多,以之兴学,乃余本意。"

  拜会临了情依依,
  陈毅辞别陈嘉庚。

秘书随即汇报陈先生:

  招待陈毅大将军,
  糖果买了一箍银。(一箍,一元)

陈嘉庚说:

  客人只是尝一二,
  以后只买两角银。
  事业该用千百万,
  待客省俭少开支。

即正是:

  爱国侨领陈嘉庚,
  倾资兴学无论钱;
  生活俭朴有主意,
  招待花销二角银。

三球一箱[①]

（答嘴鼓）

甲　答嘴鼓演员最爱谈天说地,上至玉皇上帝,下至普通老百姓。

乙　答嘴鼓演员亦爱讲国内外形势,西部要大开发,国家着发展经济。

甲　答嘴鼓演员爱讲长论短。讲东村有一个好大倌,西村有一个歹大家；论北村有一个好小姑,贤惠,孝顺,会担佫会砰,南村有一个恶新妇,赤耙耙无输母夜叉。（大倌,公公）（大家,婆婆）（新妇,媳妇）

乙　答嘴鼓演员亦会晓讲陈水扁"猪仔饲大,呣认猪哥做老爸"。（呣认猪哥做老爸,不认祖宗）

甲　抑咱今仔日是要讲啥？

乙　专门要讨论一个社会问题。

---

① 合作者叶美油。获厦门市第三届答嘴鼓征文评比优秀创作奖(征文设优秀创作奖、创作奖)。

三球一箱

甲　好——

甲乙　(合)咱两人来合作,讲了嘛则会较好势。

甲　俗语讲,一男一女一枝花,三男二女受拖磨……

乙　古人云,唅生子女字运歹,多子多福有丁佫有财。

甲　啥,汝爱甲我挂脐?(挂脐,对立)

乙　小弟呣敢乱来。我是甲汝同观点佫同派。迄款讲多子多福的人是只看外无看内,其实啊,内头咸菜一綑艰苦无人知。(咸菜一綑,事出有因)

甲　我知。阮乡里迄个王有财,身边五男二女,唅输红花白花开甲规园惹人爱。個家风端正,为人正派,"五好"家庭的奖状是挂甲规厅内。论过日子,人伊事事会忍耐。呣佫,等到临终迄流摆,则叫老伴来交代,叫伊买三粒球甲一个箱排仵灵桌顶,着等到"头七"则开起来,要亲像猜灯谜迄款互众人去猜。(迄流摆,那时)(排仵灵桌顶,摆在灵桌上)(头七,死后第一个七天)

乙　正字眼,灵桌摆三粒球。什么球?(正字眼,很有趣)

甲　篮球,排球,脚球。

乙　赫甲呣容易,我来猜。王有财伊即是向子孙交代,要学女篮、女足、女排,冲向世界,争夺金牌。

甲　汝也是儑大呆。(儑大呆,愚笨)

(敲乙的头)

甲　望子成龙,望女成凤,人早已经讲了佫讲,猜了佫猜。汝也猜唔着,等于无猜。

乙　猜唔着?抑迄个箱内有银行存折,惊個兄弟仔分唥平,则强调"头七"是开箱的日期。

甲　唔是唔是,即个箱是王有财特别设计,精心排比,箱中有箱,箱外有锁,锁匙兄弟仔各人攑一支,等到"头七",五兄弟按大到小一个一个开入去,开到最后迄箱,大家相甲嘴开目圆圆。(嘴开目圆圆,惊讶)

乙　哇,一箱黄金滇滇滇,照到规内金熠熠?!(滇滇滇,满满)

甲　汝目珠青瞑是唔是,人赫比黄金较值钱。(目珠青瞑,眼瞎)

乙　抑无是钻石玛瑙、珍珠玉镯、玉龙玉凤、玉砖玉砚、玉龟玉鳖、玉船玉扇、玉碗箍金墘、玉飞机、玉火箭……(箍金墘,镶金边)

甲　停停,汝猜甲大气嗌唥离,钻石珍珠玉器无法甲伊比。(嗌唥离,气喘吁吁)

乙　抑无是各家银行的存折,一箱滇滇,价值连城,数字拄天;抑无是新出的百元、千元、万元红色的纸字,一箱红吱吱,世界银行唥赢伊;抑无是……

甲　抑无是,是,是……是一张红纸写金字,只写一个字。甲汝生,出世甲汝饲奶,大汉互汝辞生,饲大

甲 汝娶某生后生,即字是(比划)安尔、安尔、安尔、安尔佫安——尔。(辞生,吃,带贬义)(娶某生后生,娶老婆生儿子)

乙 (特别大声)"母"字?

乙 (泄气)一个老母即值钱?

甲 老母老母,无价之宝。

(唱《世上只有妈妈好》,乙和唱)

甲 俗语讲,少年夫妻老来伴。王有财惊伊死后老某会孤单,则用即字母字来交代子孙着有孝恁父的老伴。即阵全家人乡里人互伊感动甲大哭小哭、七字仔哭、运河哭、宜兰仔哭、卖药仔哭。

甲 (哭)一把鼻水一把涎,阿母暝日挂伫我心肝。

(把鼻涕递给乙)

乙 即个全世界最简单的遗嘱变传奇!只有一个字,却也会引起全乡里的重视,有意义有意义!抑摆迄三粒篮球排球脚球做什么?

甲 即着按五十年前讲起:王有财结婚是土改迄个时,迄时无有计划生育即项代志,台阶式的子女当然合情嘛是合理,五男二女连续生,一个差三岁,一共生去十八年。

乙　十八年？伟大的十八年！洗衫补组着互汝活无闲死,免讲吃、穿、用,互個读书,佫较免讲头烧耳热艰苦病痛甲個治理,大汉佫甲個建家立业的代志。

甲　人個一关过一关,有轶佫有序,家庭和和气气,个个拢有初中以上的文化水平。五个后生农工兵学商,东西南北中,一人顾一字。二个查某仔也拢嫁给城里的教学先生。即款的家庭伫阮乡里算是最排只。(排只,气派)

乙　有福气有福气,個祖公的风水咧大行气。

甲　人讲饲囝无论饭,一顿过一顿。等到子女娶的娶嫁的嫁迄时阵,人人有头路,一个一个离家门,纸字趁真纯……(纸字趁真纯,钱赚得很顺)

乙　好好,到甲即阵王有财翁某仔则卸落重枷笑哎哎。(到甲即阵,到这时)(翁某仔,夫妻俩)

甲　歹歹,到甲即阵王有财翁某仔则伫咧唱……唱《孤栖闷》。

甲　(唱)翅股乾离(哝嘟)飞离群,给阮哝老鸟(哝嘟)心头酸,哎哟喂,(哝嘟)心头酸,目滓逐粒都肚内吞。

(泣,捶乙)

乙　千真万确,老人伫咧思念囝儿有影是安尔,一个

家庭恰输猪仔市,一只一只拆出去。本来一家热喊喊,一时变甲冷啤啤,老人呔讨恰伤悲!(有影是安尔,真的是这样)

甲 算到即阵,王有财老夫妻花尽四十年青春,咸酸苦淡一匀过一匀,由台阶式子女到甲台阶式儿孙,翁某仔各自走南串北,东飞西运去邀孙,又过了十八春,王有财翁某仔即时已经变成一对老鹌鹑!(邀孙,看养孙辈)

乙 又佫一个伟大的十八春!俗语讲"人饲咱,咱饲人",即大概就是做人的本分。着甲个相劝相劝。(人饲咱,咱饲人,一代养一代)

甲 本分人佫拢无嫌,唔佫城市农村无全牾。住房狭细细,丈姆舅仔朋友人客要来恰方便,七恰方便,八恰方便,规气,"爸爸、妈妈,请您返去老家度晚年"!(规气,干脆)

乙 儿孙满堂,喜气洋洋,天伦之乐,益寿延年。王有财即对老伴看有吃无干乾愁,实在真可怜!不过,王有财赫个子女算明理,月月甲个老人寄纸字,起码保证互个恰饿死。讲起来也泛泛仔有臭泼味。(干乾愁,画饼充饥)(臭泼味,人情味)

乙 人咧讲,有钱使鬼会挨磨,老人敢唔相焦去迌迌?(相焦去迌迌,相伴去玩)

甲 汝着知,钱唔是逐项好使。老人时常半暝醒来伫咧流目滓。

乙　抑是为啥代？有吃有穿有嗵开，安尔嘛殓歹？
　　（啥代,啥事）

甲　人侗心心念念拜六礼拜着紧来，老翁某赶紧上街买鱼买肉买菜，山珍海味较贵也无碍，礼拜要请大孙细孙、查某囝新妇、后生囝婿。早起就坐伫门口等待，等到侗来，爸妈、外公姥姥、爷爷奶奶叫甲规个心头畅物物，嘴仔笑狮狮。着是时间尚无情，到甲下晡四点钟，爷爷奶奶，拜拜！

乙　拜拜，下礼拜则佫来！

（甲抱乙哭）

甲　老人目滓洗腹脐，倚伫门边一股呆呆呆！拜一至拜五，这二只老鹎鹑日子歹安排！

乙　嘻，真是饲子爱紧大，饲大爱紧娶，娶后囝生孙，孙生干仔孙，囝孙一大拖……（孙生干仔孙,孙生曾孙）

甲　煞煞，要拖给伊死，唔嗵佫拖！

乙　唔嗵佫拖！唔嗵佫拖！灵桌为何摆迄篮球排球脚球唔着紧甲大家讲破！

甲　听来赫希奇，讲破唔值钱。即三粒球是王有财按人的一生经历想起，比喻一对父母年轻力壮，子女欠用的时阵，亲像抢篮球迄款咧相争？

乙　嗯，有道理。

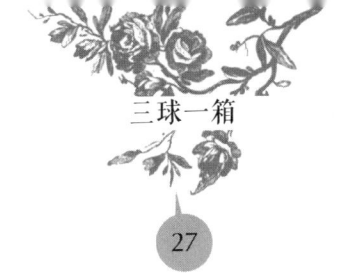

三球一箱

甲 到甲父母年老体衰时,子女无欠用就相推,亲像咧推排球,我推互汝,汝推互伊?

乙 嗯,也是!

甲 父母到晚年,子孙惊负担就将老人踢来踢去,恰输踢脚球,汝讲安尔比喻着唔着,是唔是?

乙 嗯,王有财将故事比作三粒球?生动、活泼、诙谐!喔,抑王有财的老伴究竟安怎安排?

甲 要知王有财的老伴怎样安排?

(思考)

甲 各位,请听下回分解。

(入台)

乙 喂,喂——

(甲折回)

甲 敬老院、幸福园——
甲乙 (合)是未来老龄人的世界。

(甲、乙深深一鞠躬)

惊①

（答嘴鼓）

（甲乙同时出台，站立，甲搔头思索）

甲　哎，汝讲我最惊什么？

乙　惊……惊……惊……惊死！

甲　惊死？哈哈哈，我已经死去一摆，扛到医院，目珠吊白白，四脚冷吱吱。唔佫阎君爷唔甘互我死，讲我栽菜讨海无人甲我会比，赶我返来特区栽菜甲捉鱼。（甲，跟）（甲，和）

乙　死汝无惊……人讲无钱较惨死，汝一定是惊无钱？

甲　阮兜唔尔有冰橱、彩电、录像机，银行佫有三五万块的存折，少可钱，少可钱。（阮兜，我家）（唔

---

① 与张顺安合作。1992年5月，获厦门市第四届曲艺作品征文一等奖。1992年，获福建省农村文艺调演演出三等奖（陈清齐、汪宗辉表演）。收入《厦门市建国三十周年曲艺作品选》。

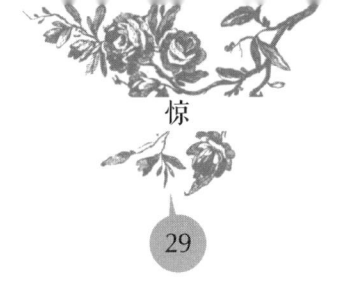

尔,不只)

(做数钞票动作)

乙　哦,汝生做猴头鼠耳,允当是惊无对象嗵登记?
　　(嗵,可)
甲　我?嗤……

(手捂嘴笑)

甲　阿爸已经互人叫了三四年。
乙　抑无,惊——(抑无,要不)

(搓头思索)

乙　抑无,汝到底是惊什么?
甲　惊——

(边比划边说)

甲　安尔,安尔,安尔,安尔——佫安尔。
乙　喔,惊生?!
甲(急捂乙的嘴)　较小声,我听着即个字,神魂飞半

天,规粒胆——

甲　要跳出去。

乙　汝敢对生惊甲迄款势?(甲,得)(迄款势,那个样子)

甲　要讲唔着三日佮三暝!

乙　汝即絪迄大絪,究竟是怎样缠?(即絪迄大絪,问题那么复杂)

甲　唉呀,若讲着,心肝头是甲密精精。(心肝头是甲密精精,心塞纳闷)

乙　(抚甲胸膛)慢慢讲,唔嗵赫苦气。

甲　我即个惊,就是仱结婚迄年开始。

乙　呼,惊觞生?

甲　唔是。

乙　惊晏生?

甲　也唔是。

乙　惊生一股歪嘴斜目高低耳?

甲　佫确唔是。(佫确,更加)

乙　惊生一个哑巴佮半头生?(半头生,呆子)

甲　拢唔是!

乙　(生气)抑无到底是惊什么?

甲　惊阮祖公无一粒正港的种子。(正港,正统)

乙　喔,原来是惊无后生。

甲　是啊,阮老母赶紧甲我请一个卜卦相命,看手纹,相头额,向前三步进,向后倒退行,然后向后转,

惊

　　套头做了则出声。(甲我,为我)(套头,步骤)

乙　相命先生讲啥?

甲　(扮相命)少年生成真缘投,天平阔阔兼庠斗,恁祖公风水当咧走,财子寿,总汝包,就是有财多子,岁头吃到九十九。(缘投,英俊)(天平,额头)(庠斗,下颚翘起)

乙　岁头暂时拨一边,讲汝究竟有几个后生?

甲　(扮相命的)喔,汝有福分,得百子千孙。

乙　哈哈哈,千孙百子,比恁兜迄只猪母佫较赢。

甲　呣知有影也无影,我规个心肝亲像咧煎北仔饼。(有影无影,真的或假的)(煎北仔饼,热锅里的蚂蚁)

甲　先生呀,我我,我正实有赫侪子?(赫,这么)

乙　先生讲啥?

甲　伊讲:有影有影,若无招牌给恁做柴燃。(做柴燃,当木柴烧)

乙　伊允当画一个饼仔壁顶要互你吃。

甲　(扮相命的)老李,汝八字真精,生成柚甘命,嘻嘻,呣免惊,今年阿兄牵小弟,明年小弟跟阿兄。(八字真精,命好)(柚甘命,命甜)

乙　一股续一股,逐股拢是乾埔?(股,个)(乾埔,男孩)

甲　阮老母一下听,目眉甲攑攑攑,红包现包五十元正,佫送一大矸物件。(目眉甲攑攑攑,眉开眼笑

的样子)(奀,串)

甲 (学母)先生,汝正实会相命,到时我一定杀鸡煮油饭,汝着来我请。

乙 讲会生乾埔子,钱撵较多也煞着痛,头壳给伊奀去死汝嘛佫唔知影!(撵,掏)(奀去死,被杀掉了)

甲 结婚无半年,阮迄股煞爱吃咸酸甜。

乙 呼,恁牵手的煞有喜?(芋粿仔,妻子)

甲 我甲阮老母四目笑眯眯,赶紧分头做准备,老酒激斗二,龙眼干曝二米篮佫三畚箕,麻油一瓮满墘仔满墘,面线煞换去三十二斤四……(激,酿)(墘,边)

乙 恁老母允当鸡鸭骨力饲?(骨力饲,勤奋饲养)

甲 鸡鸭是饲安尔佫安尔。

(一手比二,一手比四)

乙 到时红虾黄瓜鱼、猪肝甲腰子,佫有二十四只鸡鸭嗵辞生,恁芋粿仔实在有福气。换准我(拍胸),生一万摆也甘心甲愿意。(腰子,猪腰)(佫有,又有)(辞生,吃、受用)

甲 孝男面甲贪吃神。喂,夫人伊伫商场咧当经理,婴仔衫裤替我买一箱互伊滇滇。

乙 是应该着款好势,迎接恁后生出世。(款好势,准

惊

备好)

甲　顺月迄沓时,阮母仔囝轮流值班暝透日,日透暝,到甲迄日鸡仔啼,阮爱人面仔一阵红一阵青,哀呀!(装腹痛翻滚)一张眠床摔甲险险折。(顺月,临产月)(险险折,差点断掉)

乙　呀,难产!着紧送医院。

甲　来姶及,一目睨啤哩噗噗,"喔呀喔呀"我迄个心肝子现出世。(一目睨,一眨眼)

乙　哎呀,恁芋粿仔佫是成昂硬。着紧人去看是生圆抑生扁。(昂,坚)(生圆或生扁,生男孩或女孩)

甲　哎,真古锥,真趣味,耳仔亲像我即大对,目珠像個妈甲圆圆圆,看着我佫会叫"唔呀唔呀,阿爸阿爸"。(古锥,可爱、好玩)

乙　哎呀,古锥暂且放一边,先去验收生什么。

甲　喔,只顾欢喜煞姶记。

甲　(伸手一摸)嘻……真实乾埔婴。

乙　恭喜恭喜,甲汝大大恭喜!

甲　咦!慢是,阮老母怎样亻门口唱歌吟诗!

乙　恁老母允当过头欢喜,则会唱歌1—2—3。

甲　(学母哭)阮建南仔无福气,则会生查某婴。

乙　哭甲罗罗缠,究竟是生什么?

甲　我心头一下醒,详细再摸一下看,哎呀,原来是脐带佼无离,捉准是生后生!

乙　(鼓掌)拾着大百钱,佫较着恭喜。(佫较,更加)

甲　（生气）拾什么大百钱,汝免鼓励兼讽刺,笑人便宜。

乙　查某囝就是千金,千金就是大百钱。汝煞狯晓即个内理。

甲　我规身软甲像麻糍,连退三步去靠伫壁边。

乙　（扶甲）哎呀! 手尾冷支支。

甲　（钉乙人中）医生同志,强心剂紧甲伊针落去。

（甲慢慢清醒）

乙　哎呀,老李,汝敢着急甲安尔,恁牵手的是两代独女,符合《福建省计生条例》第六条第八项规定,佫生一个可以,向望大姐牵小弟。（急甲安尔,急成这样）

甲　是啊,朋友兄弟,亲成厝边,也是排即条道理,既然查某囝已经出世,就甲伊名作罔抱、罔邀、罔市、罔……

乙　嘻嘻嘻,一个人号甲三四个名字,抑人要叫伊什么?

甲　阮老母落尾甲伊叫招弟。

乙　喔,老人心心念念爱一个乾埔婴,吃老则有所依。

甲　过了拄好一年,阮迄股又佫爱吃咸酸甜。

乙　啥,婴仔则肚际,恁某又佫咧病子,恁翁某仔狯输工厂工人拼计件。（肚际,周岁）（翁某仔,夫妻

俩)

甲　即时阮母仔囝真是又喜又惊。

乙　惊罚款歹名声？

甲　癞瘠吃鹅,罚钱我无惊,是惊若佫生查某囝,吃老无依无倚,三顿着吊鼎！(癞瘠吃鹅,不怕死)(吊鼎,没人赡养)

乙　哎,生男生女拢可能,恁芋粿仔允当唔敢甲汝下保证。

甲　所以我对即胎十分重视,提早甲伊送去医院,医生一下检查,呵咾我送得真赴时,讲婴仔真紧着要出世。

乙　看来即胎也是会顺利。

甲　我在接生房门口踏过来踏过去,规个心肝动动撼。(踏,紧张地走来走去)(撼,甩)

乙　免惊。

乙　(按甲胸口)免挂意,即胎准会生后生。

甲　喔呀喔呀。

甲　(伸手摸)惨呀,正实佫蛮迄个字！(佫蛮,重复)

乙　唉！小妹缀大姐。(缀,跟)

甲　(责备地)汝呀汝,无彩甲汝照顾赫尼仔周至,应付汝咸应付汝甜,佫透暝载汝来医院。咳,汝,汝,汝敢会遮无志气！(甲,对)(无彩,可惜)

乙　唔通佫甲恁迄股激气！

甲　芋粿仔耐心甲我排道理。

甲　(扮妻子)汝怪我要创什么,我嘛真爱生一个给恁

　　欢喜,谁爱连续拄两千金给恁母子受气,生子的头路也呣是行百货公司,看汝爱什么就买什么……(哭)(头路,事儿)

乙　好,好,互伊拄一下,鸡嘴变鸭嘴煞扁扁。(拄,顶)

甲　嘛阮老母还佫目滓挂目墘。

乙　一个重男轻女,一个男尊女卑。

乙　(责备)汝知呣,现阵全国男比女加四千万不止,偌是大家拢生男孩,到时呣着和尚塞滇滇,找对象赫无容易,对咱特区建设嘛真不利。汝呀,准无阎罗爷都有想为特区做代志,汝……汝(气愤)汝佫verringern改变!(和尚,没老婆的)

甲　我……我是红脸的紧落笼,呣佫还有一个较歹纺。(红脸的,唱红脸的)(歹纺,难办)

乙　啥人?

甲　阮老母,伊规日目眶红红,不时什什念。

甲　(扮母)建南呀建南,我爱一个乾埔孙,看势是无望,下日仔看咱要靠啥人?!

乙　免烦恼,免激心,后日仔政府会甲汝养老金,有嗵吃佫有嗵饮。(激心,伤心)

甲　有敢无!我也无有特殊的贡献,政府敢会互我改善?汝免甲我设仙搬猴齐天。(设仙搬猴齐天,编故事)

乙　汝只掃一百(元),互汝永远亲像坂头水吃verringern涸。

惊

（掑,拿）（洇,干）

甲　一百元买茶无够啉,免讲吃会饱,佫较免想吃鱼吃肉甲吃鸭。

乙　特区政府对两女结扎翁某优待甲照顾,县、乡、村凑汝一千元,替汝办理养老保险户,二十五年后每月可领一百五十元。

甲　哎,汝若早说给阮听,即四五年阮母仔囝也免受苦兼着青惊。（着青惊,受怕）

乙　（搭甲肩头）汝看,大家恁媳妇,要去手术结扎用功夫。恁老母已经想有,汝还咧瓮内鳖涵空龟。（瓮内鳖涵空龟,不明天下事）

甲　（挥手）哎——芋粿啊！

甲　（唱）妹妹汝大胆地往前走哎,往前走,莫回头……

（甲乙合唱一遍,挥手）

乙　走！咱也走。

车鼓新歌[①]

（车鼓调）

老来乐

正月十五闹元宵，
迎灯弄龙佮踏桡。
公婆车鼓老来俏，
老有所乐乐逍遥。

婆白　吃老倒吊莲！
公白　呣是倒吊莲，是倒少年。
婆白　是倒少年？
公白　是倒少年！
合白　哈哈哈……

---

① 首发于《同声报》1997年第15期。获厦门市第二届老年文艺调演创作奖、演出奖（同安芗剧音乐研究社演出）。

车鼓新歌

　　　　　五月端午扒龙船，
　　　　　岸顶人群闹纷纷。
　　　　　阿公江中擂战鼓，
　　　　　威风凛凛老青春。

公白　老的,人赫侪,着较落力的！
婆白　连老奶都扫出来啦！

（众大笑）

婆白　错啦错啦,是连吃乳力都扫出来了！

　　　　　八月十五庆中秋，
　　　　　老人体协赛门球。
　　　　　赛完厦门比泉州，
　　　　　阮兜门球第一流。

婆白　老风龟！
公白　封龟？封龟尻川贴纸？（尻川,屁股）

　　　　　九月初九庆重阳，
　　　　　大轮登高比英雄。
　　　　　山下银城好风尚，

　　　　尊老敬老大发扬。

公白　阮兜老龄委,是尊老敬老先进区!
婆白　自己呵,呣惊臭臊。(臭臊,腥味)
公白　臭臊呣惊,身体勇健!

　　　　十二月尾廿九暝,
　　　　子孙一阵围身边。
　　　　照落一张全家福,
　　　　老有所养幸福年。

婆白　过年新衫新裤新当当!
公白　欢喜笑到险险掉下颌!

老来福

　　　　第一老有有所养,
　　　　老人权益立法章。
　　　　国家社会都对重,
　　　　老人生活有保障。

　　　　第二老有有所医,
　　　　政府社会拢重视。

医疗保险真周至,
消灾除病平安年。

第三老有有所为,
发挥余热真可贵。
知识才能无浪费,
技术专长再发挥。

第四老有有所学,
老人中心办大学。
书画烹调健美课,
任汝爱学都一科。

第五老有有所乐,
文体活动人舒服。
交谊会友矜孤独,
精神焕发老来福。

历史名人歌[1]

(歌仔说唱)

民族英雄郑国姓,
呣愿投降归清朝,
坚心把守福建省,
志在反清要复明。

戚继光做事真势,(势,能干)
夜壶戴笠放水流,
倭寇误会咱军泅水到,
赶紧战船打回头。

代父从军花木兰,
参军入伍女假男;
战场杀敌真勇敢,

---

[1] 根据卢培森演唱录音整理。收入《中国民间歌谣集成·福建卷·同安县分卷》。

历史名人歌

十二年回转名声香。

苏武牧羊在番邦,
时时刻刻盼中原,
十九年后才回转,
留下名声万古传。

越王立志雪国耻,
要睏刁工挂柴枝,(刁工,有意)
猪胆挂咧叮动撇,
睏醒试看苦或甜。

宋代岳飞真出名,
兀术见伊心着惊,
可恨秦桧臭婊子,
假造金牌害個生命。

麦释家贿无爱做,
掷伊的家财去慰劳,
国若存在家有靠,
若是国亡家也无。

貂蝉是三国的美人,
伊对国事挂在心,

王允计智真势用,
借杀董卓大奸臣。

唐朝安史乱纷纷,
睢阳守帅是张巡,
受到安禄山的围困,
杀侗爱妾激励三军。

山伯病相思

山伯病相思

(大广弦说唱)

山伯　越州探返武州门,
　　　风吹杨柳心头酸,
　　　当时杭州失打算,
　　　求亲无成回家门。

士久　士久近前来叮咛,
　　　倌人下马且停身,
　　　我把白马牵入内,
　　　顺便来去报安人。

安人　听着士久来报过,
　　　好像云开看着月,

---

① 根据卢培森大广弦演唱整理。收入《中国民间歌谣集成·福建卷·同安县分卷》;获厦门市1983年曲艺调演整理奖、演出一等奖(主唱卢培森获示范奖,柯美珍获新秀奖)。

阮子杭州去读册,
因何遮晏则返家。
前厅接子后厅堂,
老身看子心头酸,
阮子去杭州时桃花面,
返来面色因何赫尼黄。

山伯　山伯跪落拜母亲,
　　　母亲听子说原因:
　　　恁子为着一条亲,
　　　暝日目滓流无停。

(插句)阮子为着什么亲?

山伯　为着越州祝英台,
　　　女扮男装假秀才,
　　　草桥和子同结拜,
　　　同吃同睏同学内,
　　　乾埔查某子唔知。

安人　老身骂子遮痴呆,
　　　无采互汝读册做秀才,
　　　英台和汝同结拜,
　　　同吃同睏同学内,

山伯病相思

怎样乾埔查某汝唔知?
汝即个戆大呆,
回来哭乜代,(乜代,啥事)
一直哭要某,
哭死汝母也唔知。

山伯 山伯互人骂泪哀哀。
母亲呀,无讲汝拢全唔知。
英台伊是好腹内,(好腹内,有心计)
挀一条汗巾挂伫眠床做隔界,
叫子睏东伊要睏西,
半暝啥人若翻过界,(半暝,半夜)
要罚纸笔分规学内,
咱兜贫苦母汝也知。

安人 老身骂子遮呆痴,
无采互汝读册是安尼,
汝若早早有注意,
罚赫的纸笔值啥钱。

山伯 山伯互人骂闷无意,
阿母无讲唔知机,
若罚英台较容易,
若罚汝子咱无钱,

咱的厝内穷寸铁,
所以怹子唔敢去犯伊。

安人 老身骂子呆如土,
无采汝出世做乾埔,
男人步粗女人幼步,
呣晓听声嘛会看伊走路。
汝即个戆乾埔,
返来只知哭要某,
哭死阿母也无法度。

士久 士久听着哈哈笑,
佫人读书真碍虐,(碍虐,傻冒)
英台甲汝摽摽和笑笑,
乾埔查某汝敢猜呣着。

(插句)奴才休得乱来!

安人 老身劝子免泣啼,
唔嗵暝日来想伊,
我差媒人过家去,
去氽英台配子儿。

山伯 母亲呀,英台生水无子的份,(水,美)

山伯病相思

放煞恁子失青春,
注伊去嫁猫马俊,(猫,麻子)
恁子亲像孤雁失散群。

安人 英台对子无情义,
阮子呣嗵定定来想伊,
我差媒人别地去,
娶一个比英台较水互汝做妻儿。

山伯 别人较水子无爱,
我心内只有祝英台,
英台学问深如海,
文章满腹内,
要佫娶也无第二个祝英台。

安人 老身劝子免哭啼,
阮子面色一时变赫青,(变赫青,变得那样苍白)
士久,安人现阵交代汝,
扶恁倌人入内去安身,
准备落街去请先生。(先生,医生)

甲 士久告别安人出门去,
急急忙忙要去请先生,

要请先生返乡里,
好嗵为伊佮人候脉理。

乙　先生清早起来挂招牌,
招牌挂起真清采,(清采,舒心)
士久来到门口跨入内,
随时先生请出来。

甲　先生来到山伯房内头,
号脉惊得面交交,(面交交,忧愁)
山伯只欠一丛相思草,(一丛,株)
即枞相思草,嗨知种伫啥人兜。

丙　包死包死的,
种在越州讨赡来,
安人请先生高抬贵手做好代,(做好代,做好事)
开一帖给山伯吃看睐。(吃看睐,吃看看)

乙　士久文房四宝款齐备,
先生派药论药理,
药理论来和论去,
派了一方廿四味,
水两碗要煎七分四。

山伯病相思

甲　士久煎药费心机,
　　　安人捧药目滓挂目墘。

安人　老身捧药到房门口,
　　　　看着阮子心头乱操操,(乱操操,烦乱)
　　　　当初是子汝想无到,
　　　　恁母捧药互子来润喉。

山伯　山伯接药药敢赫黑,
　　　　即碗药茶难饮落肚,
　　　　啉人咙喉敢会赫尼苦,
　　　　药茶呣啉泼落土。

安人　安人看了心伤悲,
　　　　我骂山伯恁戆子儿,
　　　　汝将药茶泼落去,
　　　　要了阿母的戆钱。

山伯　阿母,阿母莫用受气,
　　　　莫怪恁子儿,
　　　　汝请先生无采钱,(无采钱,浪费钱)
　　　　除非着英台来做先生。

士久　士久听着记心内,

赶紧内面走出来，
伫人啊，咱要返来越州英台有交代，
汝煞晓写信去共伊讨药材。

山伯　山伯险险煞忘记，
　　　士久墨笔撰一支，
　　　款来文房纸墨砚，
　　　我要写信去共英台讨药医。
　　　山伯撰笔流目滓，
　　　目滓点点滴落来，
　　　论我即个病是你害，
　　　写信共你讨药材。
　　　要讨正月白青梅，
　　　要讨六月厝顶霜，
　　　要讨猫肱水鸡毛，（水鸡，水蛙）
　　　要讨龙肝凤肚肠，
　　　再讨半天莲叶屁，（莲叶屁，老鹰的屁）
　　　再讨凰凤的尾椎，
　　　再讨溪底毛蟹血，
　　　佛祖尿讨来做药围。
　　　若有此药病会好，
　　　若无生命敢会无。

甲　山伯批信挂写好，（挂写好，刚刚写完）

山伯病相思

士久入来放鹦哥,
鹦哥飞出鸟笼门,
要送批信去祝家庄。

(士久插句)倌人,鹦哥放来在你身边。

山伯　山伯看着鹦哥滴目滓,
　　　　鹦哥乖乖歇较来,
　　　　批信搁在恁翅股内,
　　　　替我拿去互祝英台。
　　　　英台個兜住伫越州内,
　　　　一丛岩桂对石狮,
　　　　旗杆圈龙台,
　　　　你着歇在旗杆内,
　　　　连叫三声祝英台。

乙　鹦哥腾空飞起来,
　　　目珠直相向南西,
　　　飞到越州内,
　　　果然一对旗杆圈龙台。
　　　鹦哥歇落旗杆内,
　　　连叫三声祝英台。

(插句)英台,英台,英台!

英台　英台刺绣在绣厅,
　　　　忽然听见外面有叫声,
　　　　英台开门出来看,
　　　　鹦哥敢会识我名。

乙　　鹦哥随时飞落土,
　　　　英台双手抱起来摸,
　　　　摸着鹦哥的翅股,
　　　　一张批信交落土。

英台　英台看批现煞知,
　　　　即是梁哥伊寄来,
　　　　心惊手掔详细看,(手掔,手抖)
　　　　梁哥是汝要来讨药材。
　　　　梁哥啊!
　　　　哪有什么正月白青梅,
　　　　哪有什么六月厝顶霜,
　　　　哪有什么猫胘水鸡毛,
　　　　哪有什么龙肝凤肚肠;
　　　　更无迄款半天莲叶屁,
　　　　更无迄款凰凤的尾椎;
　　　　更无迄款溪底毛蟹血,
　　　　更无迄款佛祖尿咽互汝做药围。

山伯病相思

英台想着暗伤悲,
手攥绣剪有一支,
腰带现煞剪三寸,
煞剪一把头毛丝。
互汝烧灰吃看脺,
病若会好才阮厝来,
若是赡好阮要甲汝交代,
风水着葬南山内,(风水,坟墓)
墓着坐东面向西,
要用青石拍墓碑,(拍,雕刻)
墓前拍汝梁山伯,
墓后暗拍我祝氏英台。
十月马俊娶亲对赫来,(对赫来,从那过)
小妹落轿到汝墓前,
身穿孝服甲汝拜,
梁哥汝着显圣接我祝英台。

王泗水作品

廉价书记

（答嘴鼓）

（幕启,甲、乙从台左右上）

甲　拄鼻的。
乙　猴精的。
甲　汝即拄鼻的今日鼻着啥味？
乙　鼻着汝猴精的头壳削尖去钻钱。
甲　钱好用,老百姓要钱？
乙　起大厝,娶新妇,抱孙儿。
甲　小商小贩要钱？
乙　扩大门市,开连锁店做大生意。
甲　开发商要钱？
乙　炒地皮开公司。
甲　当官要钱？
乙　有的扶贫救苦,有的买小车住别墅娶细姨。
甲　若是汝拄鼻的要钱？
乙　饮吃,佫二支。（伸二指）

甲　什么二支？
乙　去赌场，大车拼二支比。
甲　难怪汝输甲连某拢当人钱。
乙　好咯，好咯，好兄弟。（伸手）
甲　佫要借钱？
乙　肚肠咧打官司，无钱哙了离。
甲　好得挂阿共阮表小弟，借一月日的薪水钱。
乙　恁表小弟有钱，是作生理，还是开公司？
甲　做官！
乙　什么官？
甲　书记。
乙　镇的书记？
甲　不是。
乙　区委书记？
甲　不是。
乙　市委书记？
甲　佫较不是。
乙　唔，一定是省……
甲　省钱的书记。
乙　唔识听过有省钱的书记。
甲　农村支部书记。
乙　没一定省钱，有的很有钱，個农村有山有海，有田有地，土地一开发金钱满地是。做书记，占地利，南分一股，北占一滴，东方送柴，西方送米，规山

廉价书记

规海拢是钱。那敢死,规手都是纸字。

甲　对呀,汝看前面赫片是阮表小弟咧当书记。

乙　啊!三个山,一条溪,五堀鱼池。

甲　风景优美,山明水秀,清新空气,蛙鸣鸟啼,花香果甜,古朴乡里,人们善意,好客效厚,有礼有仪。

乙　啊,猴精的今日佮会放诗。

甲　放丝线钩大鱼,有诗一样的地理位置,有特区开发,盛世开放时期,土地值钱。

乙　啊!恁表小弟,即摆真是鸭母跌落尿学涨死。

甲　是呀!咋日来了一批开发公司,今日佮来了外资总经理。拢来找阮表小弟。

乙　恁表小弟敢会发市市。

甲　为了一片佮一片,亲像捉龟走鳖,捉蟳走蛄。

乙　只要投资,不管大企小企,大公司小公司,开发就是钱。

甲　伊带着开发商走遍三山一溪五个池。
开发商讲,风景很优美,五脏十全但有病。

乙　什么?山水也有病?

甲　有毛病。

乙　什么病?

甲　便秘。

乙　笑死人,山水也会大小便刣通。

甲　无路刣通。

乙　赶紧造公路。

甲　末开发的所在,都落有钱?
乙　向众人琼广仔米。(琼广仔米,挨家挨户用罐子收集大米)
甲　老百姓一担菜要挑一公里,上国道则用车送去上市,挂着台风雨来天,规路是水泥三日不能上市,包菜黑心,果子烂蒂,花生爆芽,番薯黑边。规垞规片烂去死。
乙　收回来喂精牲。
甲　连猪拢唔鼻。
乙　住伫池即角仔缝山边,确实无处摆变。
甲　阮表小弟看即现象,目眶红喉底滇。作稿人恨命无恨天,时冬时季五谷到嘴,天要互人吃会肥,天唔互人吃变饿鬼。
乙　灾区的人确实苦。
甲　阮表小弟讲,作稿人只知起早摸黑摸田土,唔知影祖公留互咱即块地是狗尿埔还是黄金埔。
乙　是呀,人讲摸田土较赢百般奴。
甲　唔对,只要修公路接国道,狗屎埔就会变黄金埔。
乙　造路,造路,钱伫都落?
甲　阮表小弟就贡献三……(伸一指)
乙　三万元?
甲　摇头……
乙　三千元?
甲　一月日的薪水。

廉价书记

乙　偌侪？

甲　三百元。

乙　一月日的薪水只有三百元,敢有安尼廉价的书记,便宜的干部？

甲　阮表小弟讲,我虽然前几日为勘察修路脚受伤,也无法仵家老陪着某。

乙　没互某照顾,要去都落？

甲　攑起拐仔,背起水壶,一拐走一步,一拐走一步。

乙　亲像咧摇橹。

甲　拄要出门煞拄着個某。個某来抢拐仔抢水壶。

乙　抢来抢去,二人煞搬桃花搭渡。

甲　嗨对,是李托拐咧弄仙姑。

乙　仙姑挡路,敢会无法度。

甲　阮表小婶就讲,汝即糊涂呀汝即糊涂,汝外出打工有好头路,一月日工资几千元,偏偏返来做书记,当遮穷赤的村干部,一月日薪水只有三百元。共汝赫只嘉陵仔添油拢走没几步,三百元佫想要造路。

乙　是呀,三百元买无一车沙土。

甲　阮表小弟静静听伊亢逐申诉,心内已经有谱。(亢逐,咒骂)

乙　查某人若静像兔,气会变虎。

甲　即时阵,厝前厝后的人甲钳乌乌,等待好戏要开锣。

乙　看一出《武松打虎》。

甲　嗨对,跪某。

乙　(唱)别人打某用手槌,阮会打某双骹跪。

甲　阮表小婶看伊双骹跪落土,气甲嘴唇扣扣尿,伊讲汝,家唔顾,规日带人山上溪边咧散步,出门鸡拍胸,入门搭山黑,入内喊风又喊雨,吃饱擦嘴箍,上床打呼噜,无成翁无成某,三代无嫁翁,也"唔嫁着汝即种乾埔"。

乙　翁某唫拧成一股,三哭五骂也艰苦。

甲　阮表小弟跪向众人讲,诸位大哥大婶,婶叔伯母,我面对列宗列祖,就是七代无风炉,八代无茶壶……

乙　唔娶某。

甲　要造路!

乙　即句话,互众人感动得红目箍,像安尼的好干部,连我拢拥护。

甲　即时阵,众人大欢呼,表示要拧成一股,俭肠润肚,也要捐资修好路。

乙　佣某气一下煞走去换衫裤,返去外家告状上诉。

甲　阮表小弟,看见佣某一步一步地远离,又是悲又走喜。悲的是,人到特区打工相甲意,者结成连理,夫妻相爱形影不离。

乙　麦芽佫糯米,甲粘涕涕。

甲　喜的是,单身较伶俐,要为众人做代志,免得一条

廉价书记

绳仔拌手膏膏缠,日日唇舌打官司。

乙　哇,众人得利,吃亏汝自己。

甲　位今日起,阮表小弟就撺上拐仔,背上水壶,坐着嘉陵仔即只轻骑。

乙　铁拐李,下仙山化缘开始。

甲　今日上镇政府,明日找区委书记。

乙　要钱。

甲　找市。

乙　要钱。

甲　找公司。

乙　要钱。

甲　找外商。

乙　要钱。

甲　找拄鼻。

乙　要钱。

甲　拿来。

乙　我拄鼻哪有钱。

甲　阮表小弟,即个一月日只有三百元薪水的书记。暝日操心为乡里,感动得外出打工兄弟,争先恐后来献钱。

乙　无论多少,随心意。

甲　今日张三。

乙　随心意。

甲　明日李四。

乙　随心意。
甲　饮食店。
乙　随心意。
甲　剃头店。
乙　随心意。
甲　服装店。
乙　随心意。
甲　养鸡场。
乙　随心意。
甲　养猪场。
乙　随心意。
甲　火葬场。
乙　随心意。
甲　什么？
乙　无随意，无随意，死人无随意。
甲　后来政府支持，真侨公司拢来捐钱，造了一条宽六米，合格的水泥公路一公里。
乙　归功廉价书记。
甲　今日，新建的公路顶，彩旗飘扬，锣鼓喧天，来了市委区委、镇党委书记和十几家的开发公司经理，要来甲阮表小弟合同签字。
乙　剪彩开始。
甲　煞找无阮表小弟。
乙　要桃园三结义，煞找无刘备。

甲　众人打虎捉贼找,拢找无马迹蛛丝。

乙　恁看,一只嘉陵仔。

甲　远远看见阮表小弟,坐一只嘉陵仔轻骑载着佫某,是头欹欹,嘴仔笑微微,面仔红支支,身穿一副新娘衣,生成很四是,坐伫后面双手揽着阮表小弟。

乙　哇,二人拧成一股,比咧吃糖掺蜜佫较甜。

合　今日才是真正花好月圆!

唔分大家

(答嘴鼓)

(幕启,甲、乙从左右台角上)

甲 猴枣的,汝好!

乙 天叨的,汝好!

甲 唔——好——

乙 什么?汝赤去各红膏,走路雄壮壮,精神咔咔,怎样唔好?

甲 唔好就是唔好。

乙 唔,我知,一定是着急性的肝……

甲 唔,(捂乙嘴)我是烦恼。

乙 唉,社会愈来愈好,有吃有用有迌迌,走,我忝汝来去美丽的厦门岛,游鼓鼓浪屿、南普陀。

甲 我无闲迌迌,今日重点是找阮两个表兄嫂!

乙 佮伫村东小街道。

甲 阮两个表兄嫂池唔分大家母。

乙 唔分大家?

甲　個大家就是阮姑母。

乙　人讲有孝新妇三顿烧,有孝查某囝路上摇,查某囝若不孝,啉豆汤的是父母,新妇若不孝道,目屎掺粥碗内搁。(啉豆汤,被投诉)

甲　是呀!目屎掺粥吃。嗯对,说起阮老姑母,翁婿讨小海削蚵,互日机轰炸,连尸体拢找无。

乙　臭日本仔侵占金门岛、厦门岛,对咱沿海盐民渔民炮击轰炸是惨无人道。

甲　一波接一波,翁婿无,房厝又被炸倒,腹内的一对双胞胎煞来人间报到。

乙　解放前,安尼的日子要怎过,拖儿带女要怎样依靠?

甲　只好一个背,一个抱,沿村沿巷乞讨。宿破庙,钻草窝。

乙　兵荒马乱四界逃。

甲　亏得阮父母,接到阮兜,草根野菜共度饿寒卧。(饿寒卧,吃不饱)。

乙　冬寒击不倒,春发竞风骚。

甲　解放后,任怨任劳,打拼种作,培养两股乾埔读大学。

乙　好!

甲　娶两个新妇,佮大楼建一座。

乙　佮较好!

甲　乾埔新妇,买厝厦门岛,经常悉阮姑母去迌迌。

乙　孩有孝道,老人乐呵呵!

甲　阮姑母说,厦门真水真好,公路环岛,有跨海大桥,有海底隧道,大楼千万座,商品满市曹,大车小车像织布穿梭!

乙　好吃好迌迌。

甲　可是呣识字,连红灯绿灯拢看无。

乙　建设大,连我拢经常无地搜。

甲　孩儿新妇上班,我只好顾锁,伫厝内静坐。

乙　像猫捉落瓮,坐监牢。

甲　金窝银窝,佫不如我的狗窝。

乙　对!家乡有共同打拼的农民兄弟叔嫂。

甲　上山趁鸭,举竹篱,落海搭蛏削海蚵!

乙　车水戽水,劳动歌声是满山坡!

甲　金黄稻、红萝卜、白菊花,遮拢是丰收成果。

乙　佫有番薯,许种"红英哥",好吃搁通肠道。

甲　番薯粉条煮肥蚵,翔安名菜第一道。

乙　遮老兄老嫂,边打牌边迌迌,有话讲柴雷,无话讲加咾。

甲　猴枣的,汝看沿海一带都是外面新厝内面旧厝的村落。

乙　即村落有的东斜西倒,

甲　迄间旧厝一仙佛折脚趴在中案桌。

乙　即叫金包宝。

甲　金包宝,新厝旧厝大多数拢是空巢。

乙　個失地的人真侪,青壮年外地打工,佫有多数外劳。

甲　汝看九叔公仔?

乙　自己一个住佇砖雕木雕的三落。

甲　迄间六路。

乙　住一个四婶婆。

甲　一间双边护的二落?

乙　住一个金巧嫂。

甲　大九架?

乙　老马哥!

甲　小七架?

乙　大门霞草索。(霞草索,用草绳绑紧固定)

甲　小五架?

乙　一只做孚的乌鸡母。

甲　佫有一间地下党活动的小楼阁。

乙　互臭日本仔飞机炸无啥倒。

甲　现阵厝顶鸟榕仔发二三抱。

乙　土角墙上一枞菅仔无叶干甲剩菅稿。(土角,土坯)

甲　园仔角缝住宿牙婆。(牙婆,蝙蝠)

乙　一个打步(步,箍)的夜壶佇厝角落。

甲　涵空口二只章兹佇嗨啰嗦啊、嗨啰嗦!(章兹,蛤蟆)

乙　佇相好!

甲　东面迄条小街道？

乙　头间卖菜刀，二间劈海蚵，三间油条煎枣，四间蒸包蒸碗糕。

甲　最后一间住阮姑母。

乙　恁两个表兄表嫂，已经退休闲咾咾。

甲　所以今日要返来分阮姑母。

乙　一个半月日，天公地道。

甲　一礼拜最好，则没大月小月出差错。

乙　对！厝内有老人就是宝，七日游好迌迌。

甲　（电话响）喂——什么，表兄嫂，唔分大家，兄弟也唔分老母？枉恁工作佫读大学！唔分老母才不孝道。

乙　人讲细汉母饲，大汉某生，猪仔饲大不认猪哥。

甲　（旁白）人讲细汉着母，老着婆，不孝道要老婆不要老母。

乙　（接话）喂——我猴枣，唔唔唔，好好好！（对甲）天叨的，汝错了！

甲　我错！

乙　汝大错！

甲　我大错？

乙　汝大错特错！

甲　错佇都落？

乙　汝把蛇当草索。

甲　我……

乙　章鱼当作土婆！
甲　我……
乙　金梭当作狗母。
甲　错没错,请汝说清楚！
乙　恁表兄表嫂,個是鸟归巢,凤回窝,返来住作一伙,吃同一桌,政府是养老、扶老,個是伴母,饲母,教母跳舞扭秧歌。
甲　有孝道,真正好！
乙　走——
合　看個跳舞扭秧歌！

（甲、乙边扭边唱,下）

语言,走到都落拢着学

(答嘴鼓)

(甲乙从两边上台,相遇握手)

乙　牛头的,汝好!

甲　(普通话)老猴的,你好!

甲　(向大众)大家好!

乙　唷唷唷,(指甲)一字一画写卖透,普通话也敢款池佬,呣惊去给烂滚着喉。

甲　喂——老猴的,人讲吃甲老就学甲老,即阵交通赫尼方便,天上飞的,地下跑的,大车小车率率吼,交通方便逐位到。

乙　我知,我知,有的当官,有的做生意,有的读院校,农民工四界抛抛走。

甲　有的打工,有的摆地摊,有的箍桶打篮投,光咱厦门市,各种方言遮呢厚,像锅仔炖骨头。

乙　什么方言炖骨头?

甲　讲话希希吼吼,吱吱藕藕。确实呣知影伫讲猴咬

猴,还是佫讲狗咬狗。

乙　有影,有影,有时听伫哭,听规晡啦佫唔知影死都一头?

甲　就是即款,咱才要学普通话,不者会通透。

乙　拢是安尼,汝则着要吃甲漏。

甲　是学到老。

乙　大家拢讲普通话,闽南语煞着去抛车乳、栽尼九。(抛车乳、栽尼九,转空圈,翻觔斗)

甲　咱闽南人讲遍亚、非、美、欧,光东南亚新加坡,还有我国的港澳台湾就有几千万外侨胞,同胞,真侪闽南人同一腔口。個将祖先的言语带到世界各个角头,公传子,子传孙,孙传后,代代接连亲像水伫流。

乙　有的儿代人连家乡拢无走到,唐人讲番仔话杂杂交交。

甲　免讲许老侨胞,就讲阮兜。像搭媬婆仔,住伫大山沟,一个乡里无几口灶,逐日做失做甲无看见山头,返来佫要煮吃劈柴椊,洗顿,喂精牲,一索就到半暝后。

乙　我知影农村查某什滴滴的工课归内头。

甲　虽然有甲人读一日半日冬学,一耳孔入一耳孔跑。先生扫盲扫到個兜,教伊(普通话)"上冬学,读书好",伊目周放赐蚊,鼻孔呼呼吼。

乙　呣输伫教柴头。

甲　嗨佫狗屎埔会出灵芝草,白交祠山区会出好吃的番薯头。

乙　唔唔唔,歹竹出好笋,海鸡母有时也会生海鸥。

甲　要讲读册写字无半撇,做失搜内头,全村第一勢。

乙　人讲歹马也有一步踢,憨人勢照顾家后。

甲　煮吃逐味拢好汤头。

乙　住伫山边角仔缝,有啥好汤头。

甲　土溜潜水。

乙　即味叫安签汤,清佫去油垢。

甲　白蚁扛石仑。

乙　是番薯煞米配豆豉,吃着胃肠通透。

甲　黑鸭母炖莲藕。

乙　滋阴补肾好落喉。

甲　埔尾进士芋擦丝包茭白土豆。

乙　即味叫芋包。

甲　最好的即碗叫南北交。

乙　唔,我知我知,一定是同安封肉配窝头。

甲　嗨对,是东北红高粱焖福建番薯头。

乙　路细来焖番薯头,煮了后,逐粒像符豆,硬邦邦,要怎样吞落喉。

甲　人我是讲,搭婶婆仔个后生去北顶读院校,东北姑娘看伊勢读册又生成缘投,就来一下正目睵,倒目扣。

乙　哇,安尼是阴电阳电池相交。

甲　毕业后,煞成鲎。

乙　是迄种国家保护动物中华鲎。

甲　成双成对。

乙　煞罩藕。(煞罩藕,住一起)

甲　是乇返来個兜。

乙　即叫南北交。

甲　是呀,個媳妇听着搭婶婆仔讲闽南话,亲像鸭子听雷吼。個媳妇若讲北方话,搭婶婆仔只有傻傻笑笑,好歹点点头。

乙　(普通话)您早!

甲　点点头。

乙　(普通话)吃饱了?

甲　点点头。

乙　(普通话)晚上睡好吗?

甲　点点头。

乙　(普通话)有干那种事吗?

甲　点点……呦,连大官大家的迄种事也敢讲出口。

乙　汝拢好歹就点点头,亲像老鸡母啄米——到到到。

甲　拢唔知伊讲丁还讲卯,言语狯通秀。

乙　入内只好装哑九。

甲　好得媳妇势,考着公务员,去税务局打电脑,逐日写写查查抄抄,即日伊将查没完的账簿款一包拿返来個兜要继续查继续抄,拄好走到個门口,搭

婶婆仔拄好伫剥土豆。

乙　佫是——

乙　(普通话)妈,你好。点点头。

甲　无啦,是搭婶婆仔先开口——

甲　(普通话)你带什么?

乙　哇,半暝出一个日头,今日搭婶婆仔普通话佫会咯。

甲　個媳妇应伊是(普通话)"假账"。搭婶婆仔听见(普通话)"假账",欢喜甲嘴仔笑咚咚,脚松佫手弄。

乙　安尼是伫欢喜個媳妇捉着漏税人。

甲　是伫欢喜個媳妇夏肚重,搭婶婆仔是双脚呇呇跑,亲像飞蜂,到菜市场内买蚵干、香菇、糯米项项款返来一大笼。

乙　即顿油佫香。

甲　個媳妇知影伊平时是勤俭的人,今日简会出遮大办,款来下下项,(学女声)妈,汝——

乙　(学女声)吃——粽——

甲　(学女声)我说(闽南话)格——小——(见笑)

乙　唔。

(旁白:"普通话'假账',闽南话就是'格小'。")

甲　(学女声)无啥嗵见笑,人生咱,咱生人,有孩子大

腹肚是咱查某人的本行,即一专项乾埔人无本事靠边站。

乙　唔!"格小"听见咧煞变见笑,南腔北调上台总滥,汝讲西,伊搭东,汝讲雨神,伊搭蚊,无学要怎样相斗一世人。

甲　有学呀,個新妇入风随俗,入变顺港。

乙　少年人学闽南话紧蚊蚊。

甲　迄一日看见個大家仁饲精牲——

甲　(学女声)妈!汝仁饲蜘?

甲　(学搭婶婆仔)什么蜘?

甲　(学媳妇)嗨啦,嗨啦,我是讲饲蛛。

甲　(学搭婶婆仔)是饲猪,唔是蜘也唔是蛛。

乙　一只猪煞变蜘蛛。

甲　闽南话也分地区,地区也有悬殊。

乙　是呀,泉州叫蜘,同安叫猪,漳州叫蛛。

甲　一只猪捉到厦门变蜘蛛。

乙　要学闽南语,煞着找真侪师父。

甲　唔免,咱闽南话词典已经出版真久。

乙　只要找即桌头师父。

甲　是呀,即本册内容真丰富,各地区语音拢有标符、标注。

乙　安尼不者卖仁园那、回那、叶那、哈那池土猴推。

甲　读过音符则佫拜搭婶婆仔做师父,稳当读有。

乙　新妇学大家,大家也着来学新妇。

甲　小汉青瞑牛,吃老学普通话,会南北交加漓漓罗罗挏挏做一武(一武,一堆)。

乙　只要听有就好。

甲　像我即半路出家,一半吃清,一半吃荤,吃老者学,定定出差错,像前年挂伫初学,迄时大嶝大桥佫未造,真多北方人工作伫三岛,有些家属是北仔婆。经常随个坐船来莲河。

乙　到泉州厦门去迌迌。

甲　水考,走海路过汐来珩厝、东园买鸡买鸭母。

乙　整衫裤,买干果,逐项好。

甲　有一日,挂好眠坊早起流,我放船正伫港边伫削海蚵。

乙　讨海人逐个都赶青荤。

甲　突然间,身边来了两个北仔婆,叽叽咯咯呣知影讲什么,我一句拢听无。

乙　汝普通话呣学,巧多也听无。

甲　看伊裤脚一下比,煞要对港底落。

乙　不知深浅,海龙王开桌敢会请伊去吃臭荤。

甲　我心头像十五只吊桶七上八下。

乙　两条人命无伫好天秃。(天秃,偷懒)

甲　我只好师公吃酒席拼真步。

乙　吹起牛角,打打突,太上老君元始天尊保佑个平安过了河。

甲　(普通话)喂——天光怕普路光。

乙　汝伫举狂,什么天公怕普渡公,北仔婆无惊海龙王。
甲　(普通话)喂——水音半广。
乙　才水唥半广咧。踏无地就卜卜泅,腹肚像皮球打乒乓,不只是唥半广。
甲　是汝听唔对,我讲天缸怕务仔缸,水音半港。
乙　唔,安尼普通话,就是天公怕普路光,水饮半广咯?
甲　是咯,是咯。
乙　又佫什么喂——
甲　(普通话)要大肚,就上床。
乙　啊?
甲　无啦,无啦,我是叫個要搭渡就上船。
乙　汝普通话讲咧者好。
甲　好无好,啪、啪两声,一边右一边左,目周暗索索。
乙　先起双边户龙,者煞起两落。
甲　是北仔婆伫吉米糕。
乙　安尼是好心给雷轰,做好事无好报。
甲　唔错,唔错,就是普通话无学,叫做唔识牵猪哥,牵着猪哥就骑死猪母。
乙　不管各种言语——
合　走到都落拢着学。

(行礼,下)

闽南人,说闽南话

(方言快板群)

闽南人说闽南话,
闽南的番薯肴伸藤佫肴开花,
藤边订定订落地,
薯仔薯孙生真侪。

吃番薯说番薯话,
配豆豉豆哙菜脯酱瓜,(豆哙,豆酱)
喻吃喻勇喻会做,
饲马好骹蹄,饲牛肴拖犁,
粗工细失逐项会,粘钳搁肴把锐,
出门趁吃穿柴挥,
返来柴挥换皮鞋。

闽南人无俭挤,(俭挤,吝啬),
朋友兄弟来相会,
好茶啉三杯,

好酒干三杯,
佮来谈科技说天地,
谈生意论买卖,
公开老实无有相偷鸡。

闽南妇女真贤惠,
乾埔块块亲像子婿缀,(缀,胚)
闽南风情,友谊交陪,
猜灯谜,迎灯会,
鹊桥会,情人节,
八月十五,月光照雨溪,
拜月听香人真侪,
挨挨挤挤,挤挤挨挨,
村头巷尾听好话,
有情有爱结夫妻。

闽南人真正多,
台湾人拢讲闽南话,
新加坡真侪讲闽南话,
世界各国所在地,
六千外万人伫讲闽南话,
一芸传一芸,一辈传一辈,
闽南风俗文化节,
永远记伫心内底。

南洋钱,唐山批,
趁有趁无拢会想起家乡番薯仔地,
心汇情汇钱也汇,
建起洋楼排成衔,
两落双边护,
前鱼池,饲鱼饲水蛙,
后花园种果佫种瓜,
修祖祠,敬前辈,
修族谱,联谊同乡会,
番薯仔地,变金地,
狗屎仔埔生出灵芝花!

只讲带族谱

（答嘴鼓）

（幕启，甲、乙同上）

甲　阮唔是要讲古。
乙　阮只讲带族谱。
甲　我名叫老粗。
乙　我名叫臭土。
甲　少年时跑壮丁。
乙　我跑去钻伫山顶破祖墓。
甲　我互国民党兵掠去扎索仔股，送去兵营体操跑步，训练一个月，佫唔知手雷弹导火线伫都位，就送去参加黑山战斗。
乙　即叫新兵蛋上征途。
甲　共军冲锋号一礼哮，军官跑路，做兵的双手举高，双骸跪落土。
乙　即招，教官免教的真步。
甲　后来做解放军，参加淮海会战把指挥官俘虏，又

佮长江横渡,打甲南京总统府的招牌碎糊糊。乘胜追击,直达海南,木头船打战舰,名留千古。

乙　败兵退守金门、马祖、台湾、澎湖。

甲　海南解放,红色娘子军欢喜甲跳舞。

乙　美式装备,不如步枪小米,老气步。

甲　(唱)雄赳赳,气昂昂,跨过鸭绿江,抗美援朝,打纸老虎。

乙　一战拄结束佮上征途。

甲　战斗中,一粒子弹伤着骸后肚,回国治疗煞退伍,入户内蒙古。

乙　不煞甲许牧羊姑娘?

甲　双飞展鸿图。

乙　汝拢是爱臭膻某。

甲　怹的新妇有孝翁姑,后生是畜牧专业户,牛羊满草埔,现阵我老粗吃饱迌迌,山川海湖,巧赢仙公祖。

乙　我就无汝好运途,我为逃壮丁,则去厦门市当学徒,载大肥驶大菇,有风无风都着手撑篙摇橹。(大菇,无帆的船)

甲　呦,规日鼻臭味够辛苦。

乙　就是嫌歹头路,者去金门卖估衣卖布,逐日吃金门糊配鱼脍补,经常位官澳走后浦,卖无一副衫裤。(金门糊,地瓜干碾碎煮粥)

甲　互日本统治过的金门,百姓生活也很歹度。

只讲带族谱

乙　只好去台湾卖什货摇玲浪鼓。四九年咱兜煞解放,我煞难归故土,暝日流浪街头,拄着赤子仔相照顾,暂时伫台北扫街路。

甲　为腹肚,加减度。

乙　人讲犁无着,扒也着,无几日煞掠去做兵驻防马祖,至蒋介石死,我则退伍来澎湖,倒插户。

甲　娶海墘的臭腥查某。

乙　三通后,写批互家乡老人会找同年伙伴伫都落,则知剩咱二股。

甲　今日相约返来家乡故土。

乙　老粗?

甲　臭土?

乙　当时我钻的破祖墓。

甲　现阵变成物流丰埠。

乙　北面是蝴蝶谷金光湖。

甲　旅游泡温泉有乾埔查某。

乙　东面以前是赤土埔。

甲　现阵是会展中心的花圃。

乙　小车有黄红白黑,身边有前凸后翘国龟市肚的查某。(国龟市,螳螂)

甲　赫是助展名模。

乙　海口码头集装箱者大框。

甲　赫是贸易区进出口总部。

乙　以前是乞丐不来半步的狗屎埔。

甲　现阵变成闽南第一都。

乙　对,一些城中村伓无法度。

甲　有的海外侨胞住所。

乙　已经没厝顶,只剩帮堵。(帮堵,木墙)

甲　亲像阮迄间祖厅住四户。

乙　一户伫美国,一户伫秘鲁。

甲　抑汝伫澎湖,我伫内蒙古。

乙　看礼,中案桌顶有神主无香炉。

甲　臭窟仔生草菇。

乙　蜘蛛网像八卦图。

甲　大门霞草步。

乙　咱四户拢无人看顾。

甲　抑无规气献老人协会起俱乐部。

乙　互老人有一个活动场所。

合　咱只带族谱,明年和子孙斗阵返来寻根拜祖。

扛倒返

（车鼓戏）

（景：深秋。远处是新城）
（幕启，内声。婆：老公，来走咯！内声。公：走——呀——）
（婆手提一篮鸡蛋上，公挑一担什菜跟上）

婆 （唱）社会愈来愈精彩。

公 （接唱）老人愈吃愈晓湃。（晓湃，时尚）

婆 （接唱）扶老养老一直来。

公 （接唱）要吃要用有钱开。

婆 （接唱）闲来跳舞打九牌。

公 （接唱）闲来唱歌种葱菜。

婆 （接唱）少年入城去打拼。

公 （接唱）老人家乡顾神主牌。

公、婆 （合唱）日来迌迌有老兄老弟老同西，暝来温烧有老公老婆老恩爱！（同西，妯娌）

公 老婆吔——

婆　哎——

公　咱来叠起来。

婆　要叠起来？

公　聒来弄。

婆　咱昉者弄咧,佫要佫弄？（昉,昨天）

公　见缝插针,则呛了工。

婆　好！要弄就来弄,啥人惊啥人！

（音乐起,公、婆把担叠好,扛上肩,弄起车鼓）

公　老婆（道具就地取材,公提支大蒜）。

婆　好势！（取叶菜）来咯！
　　（唱）手提菜叶有一支,
　　　　　青菜扇来青菜味,
　　　　　阿娘身材真标致,
　　　　　互兄看见想规暝。

公　（唱）手攥一支蒜烟吹,
　　　　　烟吹攥来门口过,
　　　　　看见阿娘水彤彤,
　　　　　互我吃糜不免配。

婆　（唱）菜叶做扇软惜惜,
　　　　　有风无风拢着摇,
　　　　　看见阿哥呣敢叫,
　　　　　假意趁鸡喊乃叶。（乃叶,老鹰）

扛倒返

公 （唱）烟吹有玺玺无烟,
　　　　看有吃无干乾愁,
　　　　阿娘目珠放来电,
　　　　厝前晋后走狯累。

婆 哟哟哟,阮是伫西乃咪猫。(咪猫,撒娇)。

公 汝是细利猫踏破厝瓦。

婆 阮是吊鱼跋死猫。(跋,摔)

公 安尼说,当时就是我……

婆 就是汝先要,阮者要。

公 煞呀,知影我当时伫着某甘,才共我三舍到底。（某甘,痴迷娶妻）

婆 佫有……

公 㕵嗵讲啦,互人听见,看见就歹势！翁某倨要到老做一伙,嘴齿挠会去抹着嘴唇皮。

婆 是呀！就像毛主席讲的,敌退我进,敌进我退。

公 人讲翁某就像伫弄车鼓,伊进一步,我退一步,我退一步,伊进一步,吃到老才会永远两股鸽一股。（两股鸽一股,两个合一个）

婆 老翁斗老某生活互相体谅相照顾,伊外出,咱内头就照摸。

公 老婆吔——

婆 吔,老翁汝返来咯？我糜煮咧煞太笼。

公 安尼巧省粮食。

婆 我煮咧煞太稠。

公　吃巧烩饿。

婆　我煮咧煞太正。(正,淡)

公　吃才烩嘴干。

婆　我煮咧煞太咸,

公　吃巧压气。

婆　翁某若要斗佮巧好势,最好一个鼎上一个鼎下。

公　老婆呃,汝顶我下。

婆　好势,和来——

公　(唱)烧把香山柴,香山薪火旺。

婆　(唱)一瓢九溪水,九溪情意浓。

公　(唱)一碗珠仔蚵,小嶝迎四方。

婆　(唱)一盆粉粿条,洪厝真正宗。

公婆　(合唱)家乡,阮的家乡,土产特产吃健康。

公　粉粿条是阮翔安第一道菜。

婆　要吃大家来,阮欢迎接待。

公　好啦,好啦,呣免宣传咯,呣免惊无人知,后日则叫咱厝人来开连锁店挂鸟牌。

婆　对,连锁店满市内。

公　老婆呃,来走咯。

婆　走——呀——

公婆　(合唱)走过大街,穿小巷,月异日新咱翔安。
　　　卖——菜——啰。

公　(唱)菜头菜花菜心蒜仔和青葱,
　　加末芥菜飞龙茼蒿芹菜仔真正香,

扛倒返

  三厘园播种十八项，
  吃觞完出卖加少趁。

婆 （接唱）菜头菜尾菜蒂菜叶和菜虫，东拾西拾几篓笼，喂鸡喂鸭肥胖胖，鸡蛋大粒红佫香。

公、婆 （旁白）阮老公婆今日上街来探亲。

公 （旁唱）我兼卖菜无了工。

婆 （旁唱）鸡蛋送给月内人。

公 老婆哋，到咯，咱查某仔团婿住仜前面那幢楼。

婆 我先去看查某团，汝菜卖完则来（欲走）。

公 等咧，即袋菜带手去互侷煮中午，汝在遮先共我卖菜，待我去超市买乳粉互外孙女吃。

婆 好啦，生查某的称称彩彩，不免够工。

公 汝重男轻女，人讲去公定，去母怕，去母若是定，比去公巧值钱。（公，雄，指雄蟹）（母，雌，指雌蟹）

婆 好啦，好啦免啰嗦。

公 汝着共我卖菜（急下）。

婆 （向左右）卖菜啰——（念）菜头芥菜飞龙和芹菜，牛皮韭菜和菜花，要买紧来买，卖无完剩篮底，阮者挑回去喂鸭喂鸡。

（公暗上）

婆 （向众）阮自留地种的菜，是乌幼直文文佫无虫空（提起欲送女儿的菜），怎看咧，怎看咧，水忙忙！

(一惊)啊——即死老头呀,咸涩佫蚋,提遮弯弯曲曲的佫有虫空的要送查某囝(掷下),呣用咧,换水的(换菜)。

公　哎哟哟哟,(捧起菜)城市人爱买乌幼直文文无虫空的菜,即阵的虫,乌肚虫、青辣虫、龟神,还有进口红火蚁、泰国户神,只要叮一空,菜瓜流水像流脓,要连续喷药菜则会无虫空水忙忙。

婆　汝遮……(抬起有虫孔的菜)

公　(接过)　遮是自留地种的叫自留吃,无喷药的,用手掠虫的菜,要自己吃,今日要拿来送给查某囝。

婆　遮送给查某囝可以,但遮喷药呣用卖。(接电话)喂……什么？外孙漏屎住院。

公　者者者(递牛奶粉),遮煞送去。

婆　哟,挂者吃牛乳粉漏屎,汝又佫买牛乳粉？

公　哟,连牛乳也有假的,要落架(普通话)。

婆　啥吃,连精牲都呣吃咧,佫要吃要啥？

公　我是讲落架。

婆　拢呣吃咧,佫要落价,汝是讲棺木扛上山,无烧也着埋。

公　我是说……

婆　呣卖就是呣卖,扛倒返。

公　扛倒返就扛倒返。

扛倒返

(公、婆扛起菜担,合唱)

  扛倒返,扛倒返,

  好物掺歹物,

  黑心钱,塞喉管,

  别日下云烩十全。(下云,下辈)(烩十全,不完整)

(歌声中,造型)

选错人

(说唱)

弹起月琴响叮当,
拨动琴弦心沉重,
回想上届梦一场,
不应该来选错人。

阮兜有山又有海,
山村飞腾好气派,
月收年丰真精彩,
山海财源滚滚来。

曾经换届选错人,
七个干部分三邦,
民事治安无人管,
财务缺席如葱葱。

几年主事无头鬃,

选错人

百万村财煞亏空,
七个干部变酒瓮,
七个村官做饭桶。

富裕村庄今溷屎,
封建迷信把头抬,
十房五柱分宗派,
干部村民分东西。

正头占地划山界,
副头滩涂去霸海,
水利设施都破坏,
争先恐后夺村财。

做官只顾斟甲饮,
百姓到处抛车乳,
只好上访到区镇,
才知瓮内咸菜有一絪!

做食的人无惊淡,
只惊做官的人贪,
巧立名目收关税,
未吃落南米来先落南。

阮兜已经乱一团,
家家户户自把关,
只好迎神托心愿,
百姓安危寄神权。

咱今选好村官职任重,
唔嗵互人钻后孔,
阻止贿选甲拉票,
互个逐个变无蚊。

劝咱唔嗵选错人,
前届教训记心间,
认真细致选村干,
分出铺面蚵甲浸水蛏。

佫劝唔嗵选错人,
要选优秀带头雁,
焄给群众走前行,
驾云乘风冲霄汉。

村官劳作伫基层,
下层湿润会高产,
种花会香又会红,
村村户户更灿烂。

平安就是财

平安就是财

(说唱)

阿公出门要迡迌,
阿嫲上前相劝告,
出门不比在家好,
吃老呣嗵老风骚。

社会发达汽车多,
有证没证乱乱犁,
吃老迟钝目珠花,
外出经常出问题。

朋友弟兄相约会,
多吃菜来多谈话,
呣嗵拼酒咻伤多,
无看路灯就走过街。

出门搭车看前后,

预防小偷偷钱包。
唔嗵吃老不认老,
甲人挤车出风头。

唔看路边变把戏,
骗人的把戏会术钱,(术钱,骗钱)
爱贪便宜想得利,
到时了钱佫受欺。

上街唔通要好奇,
车来车往走右边。
避免事故来发生,
撞伤皮痛又了钱。

生分的人唔交谈,
小恩小惠唔嗵贪。
预防诈骗设陷阱,
流氓地痞相为难。

出门在外唔风龟,
大小代志唔认输。
为人处事要和顺,
谦虚者是真丈夫。

平安就是财

101

做人要做好德行,
呣通拈花惹草找婊仔间。
现阵艾滋梅毒很流行,
中毒会害自己害家庭。

阿嬷交代再交代,
出门在外就自爱,
呣通甲人乱乱来,
平安回家就是财。

陈清平作品

厦门地名学①

（答嘴鼓）

甲 少年是着打拼,像我自学成才,传名到京城,攻读博士学位,专门研究厦门地名。即摆中央直接聘请,叫我去厦门旅游局做头兄。特区旅行社代先加定,真实是十人扛八人请,带尾抢无额。

乙 伫时汝佫是多才多艺,通今博古,学问规腹肚。呣过偌要讲研究厦门乡土,汝知识呣嘣像我遮巩固,佫着请我做参谋。

甲 我看汝是关公面前舞大刀,班门弄斧。偌讲研究乡土,我咧教大学汝佫咧穿开脚裤。别项加讲加啰嗦,单讲我迄本《厦门地名学》,现阵出版的已是第一百九十九次的修改稿,受到国内外学者呵咾,得到文学创作奖有登报。

乙 免王婆卖瓜自己褒,当场煞现考,"厦门"即个名

---

① 获厦门市1985年曲艺调演征文一等奖;厦门人民广播电台保留节目;厦门有线电视台《答嘴鼓欣赏》专题片录制。

怎样演变的汝知唔？

甲　厦门……厦……门岛上地下道开真长,下面开甲真侪门,四通八达乱主钻,即则叫厦门,就是讲地下有门。

乙　喊甲大小声,起码的常识也唔知影,即题鸭母蛋一粒捭去吃。佫是我来讲汝听。厦门仵宋朝时叫嘉禾,明朝江夏侯才建中左所厦门城,民族英雄郑成功反清复明改名叫思明县,清朝改厦门厅,到一九三三年才有厦门市即个名。

甲　其实我是咧致青假唔知,假意给汝考看睬。遮仵我迄本《厦门地名学》拢有记载。我考汝,厦门大九景汝敢知？

乙　真奇景,厦门有大八景、小八景、景外景拢总廿四景,从来嘛唔识听过大九景。

甲　有大八景就有大九景,九是大数,大九景内面有一个典故,我的名字甲伊并排流芳千古,无汝讲看睬,大八景是什么汝敢知？

乙　大八景是洪济观日、阳台夕照、五老凌霄、万寿松风、虎溪夜月、筼筜渔火、鸿山织雨、鼓浪洞天。

甲　第九景是洪塘(演员名)相连。

乙　汝狯咧赫仙,拢有一景洪塘相连。

甲　我叫洪塘,就是讲我的名甲"鼓浪洞天"相连。即景仵鼓浪屿日光岩,郭沫若先生来厦门看着即景佫写诗作纪念。诗曰:"我自舟山来,普陀又普陀。天然林壑好,深憾题名多。"即首诗是咧甲我呵咾,就是讲伊位舟山普陀到厦门南普陀,我即"洪塘到此一游"的题字是天字第一号,连伊拢怨叹无嗵比我写较好。

乙 有咯,奚是咧甲汝呵咾？郭老是咧批评讲遮好的景致有入乱刻乱涂,抑真拄好,文物管理处拄咧四界掠无,破坏文物古迹汝是被告。

甲 担遮慢且处理好唔好？我俈是被告,今日即场比赛煞赡见公母。

乙 好,下面即题我考汝,一个地名开头位一到十,一人一句,接赡落去算输。

甲 好,我先来……也担害！万事起头难,即"一"字歹安排,乎！有,"一枝春"。

乙 我敢"大前门",厦门都一位所在叫"一枝春"？

甲 ……也担笨！着,一线天。

乙 二舍庙。

甲 三丘田。

乙 四孔井。

甲 五个牌。

乙 六仙公。

甲 七星石。

乙 八卦牌。

甲 九条巷。

乙 十……即十歹项拢。着！十一间。

甲　唔对,即题是位一到十按照顺序,一人一句,汝对十跳去十一算输。

乙　汝即股有较菇,开头有十就要汝。即说明我会晓灵活应付。看来咱两个狯相输,佫换一个形式较风趣。

甲　即摆题目由我出,保证要汝输甲律龟。

乙　看汝要出啥赌?

甲　地名接龙。各人讲出一个地名,尾字连头字狯使停。

乙　即叫做接龙,好!让汝代先。

甲　我讲集美。

乙　我接美仁。

甲　仁安。

乙　安海。

甲　海后,

乙　后河。

甲　河仔下。

乙　下(霞)溪。

甲　溪岸。

乙　岸……岸顶。

甲　汝是乱杉岸,岸无脉,输退退。岸顶伫都落,无地嗵找。

乙　汝上面有霞溪有溪岸,有溪岸当然有岸顶,佫有岸下,拢会无地找。接落去,看汝要接顶佫接下。

甲　好,算汝对。顶——顶沃仔,我尾字是"仔"。

乙　仔——鸭山。

甲　鸭山？厦门人互汝狯相瞒,有鸡山哪有鸭山？

乙　我问汝,鸡山伫啥所在？

甲　鼓浪屿。

乙　对,鼓浪屿四面是海埭,饲鸭较有利,饲鸡无篇,应该叫鸭山才合宜。

甲　算汝接狯歹。下面换出灯猜。我先来,"广交会"互汝猜厦门一个所在。

乙　广交会生理做去真大,猜"大生理(里)允当狯走纸"。即摆换我出一个互汝连煞伐拢狯晓煞伐(互汝连煞伐拢狯晓煞伐,连主意都不晓得)。

甲　注汝来,我连蔡拢狯蔡(连抖都不会抖)。

乙　凌霄宝殿。

甲　凌霄宝殿是天公庙,伫云顶猜"云顶岩"允当着。

乙　看无刣出重,下面出一个互汝沙无头掌,"印度首都",厦门地头偌无熟,外国地理偌无读着唔知空。(看无刣出重,看上去轻,不重,杀了以后称起来重)

甲　遮有啥为难,看要讲澳大利亚、新西兰、斯里兰卡、苏丹、纽约、加里曼丹。规粒地球我走透透。印度首都是新德里,厦门的新德里甲印度无相同,即个谜面出去无稀罕。

乙　佫泛泛。

甲 我出"蒙正故居",猜唔着就认输。

乙 吕蒙……

甲 我看汝是猜赡来,听我来分解,"蒙正故居"猜乞食营,伫灌口迄所在。

乙 汝出即个太偏僻,连灌口地图嘛无即个名。

甲 也无要叫作厦门地名博士甲赫好趁吃。

乙 佫是赡见公母,佫换一套。

甲 换就换,我是家内有姆惊世事,看要十八般武艺,还是琴棋诗书;后溪、东孚,还是曾厝垵、黄厝、浮屿、猴屿、龟屿、象屿、猫屿、鸡屿、虾屿、大兔屿、小兔屿、乌鸦屿、槟榔屿、黑仔屿、火烧屿、小离亩屿、宝珠屿、镜台屿,喜事丧事,好事变歹事,汝专做歹事掠去凤屿……

乙 汝赡咧乱杉澍。

甲 我是讲无论啥事,拢会应付。看要讲灌口、局口、县口、港仔口、海关口、大宫口、鼎炉口、泰山口、义学口、番仔墓口、二王石墓口、蚶壳井口、鸡母嘴口、狮仔嘴口、鲤鱼嘴口、尻川口,由汝开口,我拢驶会走。保证赡塞头。

乙 汝是咧狗开口乱杉脑,免展风龟,即摆换出对赡晓的随人闪开。

甲 出对我也会,就是天对地,恁老母对恁老爸,前山对后寨,先锋营对后厅衙,黄厝对钟宅,草埔头对沙坡尾,殿前对县后,关隘内对周厝口,武庙对文

灶,新街仔对旧路头。

乙 煞互汝对体体,不过,呣嗵赫好掰,我一对地名至少着三个。汝听详细,"天公坛担水刣狗",七字地名对三个。

甲 我对"将军祠走马消屎"。

乙 泛泛代,呣过尾个地名较少人知,必须由我来注解,"刣狗"是等待的待,八九的九,"消屎"是"大小"的"小","天使"的"使"。

甲 唅歹,沃浓浓的地名互汝美化成天使。煞落去,"石圣王外校场演武"。

乙 曾姑娘玉屏巷读书。

甲 民族、协和、图强、励志。

乙 中华、合群、复兴、维新。

甲 对对,较容易,佫换一下即摆是连地名成篇,综合知识考试,每句有地名,介绍自己的代志。

乙 好！佫由汝开始。

甲 我的姓名叫洪塘,厝仁百家村牛朝巷麦仔园,阮老爸叫洪木部,排行第二,人叫二舍,家庭真好额,少年就金榜题名。

乙 我叫白鹤岭,白鹿是阮爹。家仁莲坂双莲池望高石不见天站,原底打铁钓仔趁食,阮老母叫菜妈,有人叫二妈、太平妈、正公妈,过身了后人叫田头妈;阮老母仁雍莱河,南菜园种菜补布袋,三顿饮糜难度。

甲 安尼看恁着真艰苦,偌阮老爸做过靖山大王、镇海将军,伫镇南关守古营,扫除番仔,天下太平。无想被奸人所害,火烧国公府、广平府,二王街从此跌落窟仔底。

乙 安尼咱的命运大同小异,无公平,咱同款跌落窟仔内、蛤仔孔、赤土窟、大沟墘。阮老爸死了后,我去水牛埕甲人饲水牛,草埔头割草,车加鹿,扛棺材,卖熟肉,刣狗。伫文灶港仔口,卖大字酒,互番仔打破瓮王酒若水流,用横竹做扁担去河仔墘、大井脚、四孔井、广仔井、吊乌井、牛肚井、蚶壳井、文渊井、下井仔担水趁淡薄来相斗,十八棚头变透透,经常鼎较冷灶;阮大姐妙香在禾山深田作田种豆,豆头豆仔尾,送去菽庄花园猴洞饲猴,种石榴、水仙、蓼花、蚶壳仔草,后来看破红尘出家南普陀研究佛教,住过妙释寺、天界寺、甘露寺,法号叫玄妙。迄当时阮一家四散乱糟糟。

甲 好得鸡山"一唱雄鸡天下明",晨光照鹭岛,天顺人和。

乙 旗山升起五星红旗,鼓山鼓声阵阵鼓乐升平,我走上新路得到幸福翻身。

甲 现阵时中华中兴,厦门经济特区欣欣向荣。振兴中华是咱的光荣责任。我东渡日本考察,学习管理经营。

乙 我自谋职业,打剃头刀,挂起"雨伞王"招牌修理雨伞。美仁宫、梧村大排档香贡贡腊喉会出泉,中山路办公司愈开愈大。咱走的路无同,但拢是合群、协同为"四化"。

甲　兮!也担愈讲愈菇,前段是答嘴鼓,后面变对口词。

乙　即讲明咱二人地名知识丰富,同等学历贻相输。安尼好,厦门旅游局以咱二人为主。

甲　拢无咧由汝管人事,佫是较谦虚。

乙　呣着刁工展风龟才有风趣。

甲　安尼好,恁偌要来厦门旅游,下摆我才带恁去游集美嘉庚公园、宝珠屿,参观海洋研究所二十五吨大鲸鱼,杏林湾温泉洗身躯。同安梵天寺拜访厚学师,汀溪研究古代的陶瓷。

甲乙　(合)厦门好所在,欢迎中外人士旅游来,祝恁福海寿山,康泰!

添福伯仔开枵行

（答嘴鼓）

甲　人讲"侪牛踏无粪,侪囝枵死爸",那我亲身的经历也确实是即种款势。

乙　唅咧吃饱势展爹,啥人呣知汝添福伯吃老才好体,后生成人新妇炁三个。（展爹,夸耀）

甲　汝都呣知影人的轻重,我是媳妇炁了者咧开枵行。（枵,饿）

乙　嗨？开俄行？哦,是呣是做俄国什么公司的代理人？

甲　呣是,是无吃梯咧枵的枵行！（梯,躺）

乙　抑汝即号老人也极骨极域,后生成人汝煞宣布绝食！（域,肉）

甲　呣是我要绝食？是后生炁某了宣布独立,害我即老加锥煞无家籍。（老加锥,老人家）

乙　哦？人是无国籍,汝怎样是讲无家籍？

甲　去年第三媳妇才炁入房,个夫妻就宣布我是无受欢迎的人,一讲个兄"较宿",早就独立脱离联邦,

添福伯仔开柶行

留伊即第三世界做阿爸的殖民地咧变猴弄,对现阵起,自力更生随人自己去讨趁。(宿,聪明)(变猴弄,在作弄)(讨趁,赚钱)

乙　汝"妈狗话"讲得獪歹听,将老爸比作帝国主义的头兄,呣惊着负虐待序大人的罪名?三个囝则叫老爸无地吃,实在歹名声!(妈狗话,戏语)(序大人,长辈)

甲　最后由"三大国"举行谈判,经过一场吵骂合咒誓,兄弟仔吱吱咄咄则通过一个"巡回饲养法"。

乙　嗨,实在太极骨!兄弟仔老爸呣饲则去研究什么饲猪新技术。(太极骨,太不合常理)

甲　无啦,是个三个兄弟拢真势,用遮"巡回饲养法"。三顿抽阄,饲我即老柴头。(老柴头,老家伙)

乙　哎呀,天脚下的不孝子拢集中在恁兜。

甲　头日就现塞头:老大抽着早起顿,老三抽着下昉,老二抽日中昼。(头日,第一天)(早起顿,早餐)(下昉,晚上)(日中斗,中午)

乙　嘿!顺序照排免计较。

甲　早起真早大查某孙就来叫我去个兜。

乙　嗯。看来大囝伄是较有孝。

甲　我是未吃代先跑,拄要两块番薯汤照吃,大新妇对着门边迄只狗大声叱:"哼,老狗会识得久长尿,不摆尾不顾门,互汝鼓胀无路屎。"分明矛头是对我来!

乙　指桑骂槐实在不应该！

甲　我是自己咒惨流目尿。"一半顿太吃无啥代"。

乙　早餐无吃泛泛代，日昼佫无吃敢会使？

甲　我看破又到枵行梯咧枵，十一点来到大肠小脏起相告。

乙　佫是日昼佫无吃？我看汝敢着去关咧枵行炼仙膏。

甲　等到十二点外，老二的迄股后生则来带。入门一下看，哇！老二即顿真看破，桌顶炒米粉排三碗，一时咽喉底一直出泉，我想允当着甲伊牵两碗！

乙　细字，内胎唔嗵胀破！

甲　嗨。啥人知是看有吃无干乾憨，亲像憨佛鼻香烟。

乙　唔！

甲　個某仔囝三人一人捧一碗，轮到我……老二则随后捧出一碗猪母菜放在我手盘……

乙　啥！

甲　伊讲，惊阿爸人老歹记性，会忘记旧社会的苦情，才专工煮一碗忆苦菜来孝敬！

乙　注死，兄弟仔拢是着同症，也，唔过论策略还是老二较高明。

甲　伊高明我腹肚唔着去用蒌枝弓，人气甲碗箸一撇："甲我煞煞去，一半顿无吃死不成！"

乙　佫是返去枵行较清闲！

添福伯仔开枋行

甲　两顿无吃枋甲双头抓,人讲枋鸡无惜箠,枋人唔惊见笑,五点我就自己行去老三迄爿守牢牢,惊个佫反饶。

乙　老三应该是较会晓。

甲　一碗饮糜几粒米煞有法喢算。伊讲:"日昼阿兄炒米粉真好料,惊汝胃肠挡不住,我则煮糜互汝配咸菜吃较会消。"

乙　嗨,添福伯汝真是吃老老歹命,侪囝饿死爸即句话实在真有影。

甲　相劝相劝,恁者"六较姆仔""九婶婆仔"厝边头尾门口埕,一对翁某生二人,才绘像我吃老伸手撞着壁,木师做枷自己攑。

乙　现阵全国人口十三亿外,即个数字唔是小可,佫无控制我看汝迄落枋行会愈开愈大。

甲　才唔嗵失德坐挂。

郭山龙迄支嘴[①]

（厦门说书）

仝山边红水库边头迄个社内，有一个少年姓郭名山龙。郭山龙上无父母，下无兄弟姐妹，年纪三十未到廿九出头，到今无某无猴，偌郭山龙虽然无像古册所讲的潘安之貌却也生做有头有面漂撇缘投，只是即个人有个破拍，迄支嘴一嘴挂双舌，滑鳗鳗艾佫铁齿。会讲甲互汝跽起来会笑，跪落去会哭，咱厦门人叫做五辇仔嘴。

担来讲即一天，郭山龙仝個社里九婶婆仔牵线下，穿一身牛仔衫裤，驶着迄顶歹车莽克服（歹车莽克服，叫作"歹克"牌的车）准备下山去相亲。沿路走沿路襃歌：

手掼茶篮挽茶叶，脚踏茶枝软摇摇，

看见阿娘呣敢叫，假意呼鸡觅莲叶。

边唱车边走，来到水库坝头，掂味时（掂味时，忽然间）听到一阵哭声。郭山龙着一惊，来一下紧急刹车，只看见一个姑娘叩叩颠对水库直透颠去，心内想"害了"！赶紧大

---

① 1984年9月厦门市曲艺征文、调演二等奖。

郭山龙迄支嘴

喊一声(普通话):"女同胞!你给我站住。"姑娘偌像有听见喊声,颠一下佫较大步。郭山龙三步拼做两步趋过去:"同志!汝受什么委屈,有什么唅好势有政府嗵扎汝的气,少年年敢嗵想走短路。"姑娘偌像受到触动,站住了。郭山龙唱起芗剧《三家福》来:"汝为什么想要死?到底是为着什么?""是啥人欺负汝,还是爱情唅好势,互人哢去,讲一个清楚,偌要跳水死,即个水库都落浅都落深我尚清楚,做汝的教练无含糊。者者,迄地青楞楞几十丈深,跳落去找恁老母的兄弟——母舅(无救)。"郭山龙只顾迄支嘴乱乱律,想唅到姑娘真实凶凶对迄窟青楞楞的"扑通"赵落去。担汝遮佫是人命关天,呣是滚笑的:"抑汝真实赵落去!担甲有心要学跳水,就互汝试一下滋味,后日就呣敢佫来跳。"所以偌像无要无紧,把外衫裤脱起来,披夸迄顶"歹克"车,然后相准准"扑通"跳落水库揪住姑娘的衫,用手甲伊托上岸。"呀汝也真无硬直,我报汝对深的所在跳,抑汝真实跳!汝偌死政府呣找我阎罗王也会甲我记一条账。遮尼水的查某婴偌去死,呣知要偌侪少年为汝病相思着天吊。"

即时阵虽然是春天,呣佫咱南方往往春天比冬天较寒。即姑娘规身湿透透,站伫岸上规身偌像咧筛斗,嘴唇乌乌,上齿叩下齿偌像嚼加蚤。郭山龙即阵又佫开口:"汝看汝看!叫汝呣嗵跳汝偏要跳,看汝即号款势,奚是挂着寒天时衫裤穿恰厚,偌要是热天胸前现冽冽敢兮看口。"姑娘互伊讲一下脸红煞歹势,心内骂一声"流氓仔坯"!郭山

龙偌像是有听着,赶紧踏话头:"喂!女同胞,嗨嗵骂我,我即号人就是即支嘴较臭臊,其实肚肠很好。担无先甲我去阮兜换换衫裤,然后汝偌想要来即地跳水,抑是要返去恁兜,由汝主意,无我的代志。"姑娘无奈何,只好甲伊返去。姑娘跟伊去到门口,一时心头甲乱操操,要入去唔得,唔入去也唔得,啥原因?原来郭山龙是光棍,连厝也是光棍厝,孤单一间伫山头落酷顶,无厝边头尾,冷冷清清。郭山龙知道姑娘的心思,才一爿开锁一爿说:"女同胞,汝免烦恼,偌我山龙哥作风正派人呵咾,虽然无记者来甲我采访登报,电视台无来录像做专题报导,唔佫天公伯仔可以作证,我郭山龙唔是痟猪哥。"姑娘暗暗叫苦:看伊分明是王婆卖瓜自己呵,才是唔嗵跳出火坑又佫跌落陷阱,三十六计蹽较好。伊趁郭山龙无张弛,转身,宣(宣,溜走)——

郭山龙越头看见姑娘宣了,就一爿追一爿说:"哟!抑汝即股查某婴佫是古锥,人清朝大作家曹雪芹当时落魄少衫穿,嘛是用长跑来驱寒冷,来,我甲汝喊口令:一二一,一二三四!"偌即个姑娘食到二十几岁,嘛唔识挂着即号人,心内想要笑佫笑赡出声,只是拼命跑,唔佫跑赡赢郭山龙。郭山龙半笑半气讲:"好啦好啦!汝偌准安尼跑,传出去人就会给汝倚贞节碑,偌要我讲汝是狐狸精,满腹狐疑。"

姑娘只好跟伊去佮兜,郭山龙赶紧起烘炉火互伊烘烧,又佫赶紧烌烧水,叫姑娘入去房里洗身躯。姑娘却裁裁坐一仙偌观音佛祖,心内想:"汝即谱都也好谱,我入去房里,抑汝偌冲入去,好歹唔着据汝挖!"郭山龙看即款势

郭山龙迄支嘴

则讲:"哎呀!汝即女同胞,人讲身正唔惊影斜,树头在唔惊树尾起风台。只要心正,和尚尼姑会使睏同间。唔是我势拍派,洗个身惊啥代。"姑娘想:"也是有影,看起来即股嘴滑人唸歹。我即身湿漉漉,要烘到伫时则会干。散散!入去洗。"

姑娘入房内,把门拾起来闩。四界看看咧拢佫安全,就是窗仔没闩,唔过窗很小,人是没法蹿入去的。安尼伊就放心,开始脱衫裤,敢会知挂咧脱内衫的时阵,突然间听见有脚步声对门边走来。姑娘目珠示示术术(目珠示示术术,看来看去),规间房找透透,发现眠床脚有一支挖番薯的番薯挖,赶紧抄咧捻伫手内,心想:"抑汝即流氓仔坯,偌是敢蹿入内,我用即支番薯挖互汝凿落去,互汝会好也唸担粗水"!即个时阵脚步声停了,门外传来说话声:"喂!女同胞啊!汝衫裤脱起来未?哎呀我即股人,专心咧照顾汝,煞唸记得自己规身漕漕滴,寒甲规股偌咧弹三弦,费神汝甲房里迄尸破箱里的衫裤扔一套出来互我换。"姑娘听见安尼讲,赫粒扑扑跳的心才安静落来,对郭山龙感激之情油然而生。姑娘找着衫裤,对窗口扔互郭山龙,小窗门赶紧拾来关紧紧。就开始咧洗身。无偌久,掂味时窗门"啪"一声推开,姑娘即阵规身脱光光,暗暗叫苦,"惨咯",即股允当是流氓猪哥神,知影窗门唸闩想到窗口偷看,伊一时急中生智,床底一篮隐番薯的石炭赶紧撮一把,准备伊偌敢探头偷看,用石灰对目珠洒下去,互汝去青暝一世人乓无某,哪知即阵一支竹竿挂着一付花仔衫裤洞洞枧佫

咧搬加礼戏对窗内伸入来。郭山龙才讲:"阿弥陀佛！善哉善哉！女同胞,我百分百无偷看,我是惊见汝女扮男装歹看相,才用跑百米的速度,骗人讲阮新娘来,跌落水库无衫换,暂借一套来汝看！新的。"姑娘即声真感激,接过衫裤,继续洗身。等姑娘洗好身,换一身恰恰合身的衫裤出来,郭山龙笑笑地讲:"担敢着相信,我山龙哥是好人,唔是流氓。汝偌是个作家,拜托笔下甲我刻画甲高大高大水哗水哗,安尼就好。"接落去又佫用芗剧的戏白说:"啊！未知小姐姓么名么？何方人氏,因何到此,想要投水而死,有何冤屈汝慢慢投来,倘若在下能帮一臂之力,当效犬马之劳。"郭山龙即一问刺痛姑娘的心,两港目屎偌像西北雨漕漕滴。哪知郭山龙即阵返唱北管:"苦啊！苏三家住洪洞县……"安尼创甲姑娘要笑笑哙出声,要哭哭无目屎,则把伊的苦衷一五一十讲出来。

姑娘叫李素贞,住仁安溪县境,個父母真侥幸,为着要互個兄焦某,将伊卖互人贩仔三千,人贩仔夺去伊的童贞,伊有身,又佫要将伊转卖互一个六十外岁的老柴糟。是伊仁路上想办法脱身,则跑来到即所在,想讲前无亲人后有追兵,则想要跳水自尽。郭山龙对李素贞是真同情,唔佫要怎样安置伊呢？叫伊返去？哙用哙用咧！人贩仔偌是佫去個兜讨人岂不是又害伊佫跌落火坑;介绍去嫁一个实实在在的翁,腹肚里迄个"私货"确实歹办。啊！有影都着,先去医院做人工流产。唔佫李素贞讲医生偌问讲啥人是恁翁,抑要报啥人？遮唔较简单,医院有我的熟人,我来

应付。讲了郭山龙长叹一声:"嘻!歹人做失德,好人来坐额,看来运气歹,开几张大团结的无打紧,代志传出去,阮祖公的香炉敢着去扒狗屎。"嘴是安尼讲,抑唔佫想讲救人做好事,心内却想讲平安恰好吃补。

去到市立医院,一位主治医生是个厝人,老同学,就拜托伊代办手续。医生说:"嘻!抑汝唔是佫没对象,敢掂味时煞即股要来打胎?""抑拢赫黄色小说的罪过,偷偷甲个学,未注册先上课,害人带球跑茹膏膏,偌无紧来补课,违反计划生育就啰嗦。"

担来讲李素贞顺利做了人工流产,郭山龙佫拿一百元给伊,叫伊偌要返去就先去派出所举报,则会安全可靠。李素贞激动甲目框红吱吱目屎挂目墘,则讲:"山龙哥!我……我要甲汝返去,互汝传宗接代,互恁祖公赊香炉扒狗屎。"郭山龙一股煞愆呆呆:"安尼敢会使?""嘻嘻!抑我煞趁着一股水某,过山龙配落水凤,成有风度!成有风度!""汝啊……迄支嘴!""娘子!从今再不受光棍苦,夫妻双双回家园。"

珍珠糜凤眼脸①

（说书）

即个故事发生在唐朝,唐朝自"安史之乱"了后,皇权旁落帝位纷争,皇帝由太监权臣咧变弄,佮像走马仔灯一个接一个的换。到穆宗死后,太子李忱只有十二岁,帝位先落在個阿叔成宗身上,成宗驾崩,又传给個囝英宗、武宗。英宗武宗是李忱的侄儿,但拢已成人。李忱虽年纪小,但毕竟是真龙天子,真灵巧,预感到皇室唔是伊站起的所在,就安尼假痟致忞,四界去弄溜连。

担来讲即一天,李忱流浪来到福建泉州府同安县的苏营渡口,过了渡,只见一间破厝,门口一对五十几岁的翁某挂伫开井,即口井只开了八九尺深,忽然听见一声:"水,水!"举头一看,有一个十五六岁的少年家昏倒在地,又回头看自己则咧开的井,怪哉!开了八九尺深的井,水卟卟卟直透卜出来,抑即股少年讲话遮圣,喊一声水,水就来,赶紧叫個老查某,舀一碗清泉水,将即个少年扶起来,水紧

---

① 厦门市同安汀溪杯曲艺调演三等奖。

珍珠糜凤眼脍

甲伊灌落去,咯咯咯无几嘴,少年醒过来,叫一声"好清甜的泉水,即个井无论怎样干旱拢狯干"。即口井就是现阵后溪苏营的"皇帝井",今年抗旱遮尼严重,井水照旧清冽甘甜,规井满满。

担来讲即对老公婆,人称呼伊苏公陈婆,家境宋赤(宋赤,赤贫),做人真企仁佮婶郑丁(企仁佮婶郑丁,气人又善揶揄),即阵看着即股少年讲话遮尼圣,气质甲人无同,日后一定唔是小可艰苦人,苏公赶紧叫陈婆:"老兮呢!咱兜佮剩的山珍海味拢互我,叫秦叔宝秦琼来,我要请人客。""哼,即老乌龟是咧起老番,抑咱要去都落去提山珍海味,佮叫秦叔宝秦琼来!""嘻!真狯斗贴,咱佮剩淡薄路洗,唔着是山珍,土鬼仔脍唔着是海味,全部互伊提出来唔着是秦叔宝尽琼。""抑唔佮两顿作一顿煮啦,要都落去叫秦琼来!""剩糜当饿人(剩糜当饿人,剩粥等着饿的人),吃着清冰凉冷!""着着着,老兮势想办法佮好客情,担着有请客人大厅请坐,提下昉要吃的冷路剩糜、土鬼仔脍拢捧出来,李忱见着有嗵吃,吓是饿鸡无惜箠,大嘴抠小嘴扒,连土鬼仔壳嘛狯顾咧剥,路尾苏公才剥互伊看,迄土鬼脍咸甜咸甜配路洗糜,对即个落难人来讲,咳是好吃甲连舌煞吞落去。"吃了才问:"抑无即号饭菜叫什么名?""叫作路……"陈婆闹要讲,苏公马上互伊截起来,"叫作珍珠糜凤眼脍,当今皇帝无才调嗵吃即号物,只有阮即地才有。"李忱心想,当今皇帝无才调嗵吃着,我吃着啦,是即位老伯进贡的,好吉兆好吉兆,后日我定会做皇帝,唔佮我佫做皇帝,

即位老伯是大恩人,唔着变成皇叔,是我的长辈,觥用咧觥用,皇帝去叫人做阿叔无盘,不如结成金兰,日后若会做皇帝称呼伊皇兄佫差不多,因此就拉着苏公,井边的粘土抄一把仔,捏成三条香叫"撮土为香",结拜兄弟,随后李忱提出一块玉坠互苏兄,交代日后相见,以此为凭,就佫起身,在灌口夕阳山真寂寺隐居三年,遮是后来的代志,暂拨一边。

今日来讲武宗驾崩,朝廷的权臣太监才想着李忱即个小囝,孔坎当态,即号人作皇帝据个变弄,大权在個手头,就安尼派特使全国四界去找。也是李忱皇帝运到,特使在夕阳山真寂寺找着,马上互伊揪返去做皇帝,即就是唐宣宗。

宣宗做皇帝,当然吃的是人间佳肴,山珍海味拢吃厌了,即一日才掂味时想着苏皇兄甲伊的珍珠糜凤眼脍。立即下旨御膳,要吃珍珠糜凤眼脍,抑担(抑担,那就)考倒遮特级厨师,即珍珠糜凤眼脍要怎样做,所有菜谱翻透透,拢无即味菜。师傅无教,只好自己腹内撰,珍珠称半斤,丹凤眼挖半碗用盐腌起来,叫宫女捧出去跪下。宣宗龙眼一观,即简直是要买我的命,龙心大怒,从即两盘高级菜一拨,圣旨一下,可怜这特级厨师的头壳甲遮珍珠同款仁赫土脚厚厚滚,一条阴魂送入枉死城。宣宗再降旨叫第二个厨师佫去做珍珠糜凤眼脍时,全体厨师跪下请罪:"万岁啊!奴才罪该万死,确实唔知即珍珠糜凤眼脍是什么物件,望万岁息怒!"宣宗即阵火气才降落来:"看板(看板,看样子)是有觥晓咧,闲者迄个特级厨师死去冤枉,就封伊做珍珠糜凤眼脍的烈士。接着降旨一道直透到福建泉州

珍珠糜凤眼脍

府同安县苏营村,搬请苏皇兄进京煮珍珠糜凤眼脍。苏公接旨,陈婆呵咾老爷好眼光,交着皇帝小弟,自己有福气,即声要做诰命夫人啦!立即筹办最旋的路洗,去杏林选牵红根的土鬼仔,第二日马上动身进京。宣宗宣苏皇兄进殿,对过玉坠,宣宗离开宝座,将跪在金阶的苏公扶起来,苏皇兄长苏皇兄短,别有番亲热。随后苏皇兄泡制出"珍珠糜凤眼脍",由两个贵妃亲手捧上,宣宗吃了一口,虽然是正宗的珍珠糜凤眼脍,而且是换嘴换嘴,唔佫赫赫(赫赫,还是)品味会出往日的风味,则问:"苏皇兄,即珍珠糜凤眼脍抑……""我知影皇上爱吃,特地亲选真料正货。""抑怎样无往日赫好吃?""万岁!此一时彼一时也。"宣宗也领悟到即点,心想,恁娘咧,迄当时恁爸流落灌口,村民野妇吃的东西,我视如佳肴,恁遮满朝文武逐个过着酒绿花红的生活,愈想愈唔甘愿,着来互个"忆苦思甜"咧,则说:"苏皇兄,明日我要大排国宴请文武百官品尝珍珠糜凤眼脍,汝着互我做得愈歹吃愈好。""愈歹吃愈好,吹唔较容易!"苏公领旨,到皇帝的餐厅去,发号施令,几百个高级厨师拢归伊领导,有的去拼大缸,有的去借粗桶,泔水洗鼎水琼无够佫去民间琼(泔水洗鼎水琼无够佫去民间琼,泔水刷锅水收集不够就去民间收集),臭泔愈臭愈好,葱尾蒜仔尾,菜头掌,番薯藤加沫菜(加沫菜,牛皮菜)斩斩几十箩,沤沤归十鼎,装了十缸八粗桶,摆拚金銮殿。皇帝赐国宴,文武百官畅甲着跋(畅甲着跋,高兴得差点跌倒),日昼顿无食留腹肚准备下昉大牵一顿。一上金銮,看着摆甲十

缸八粗桶,左班丞相和殿前将军咧暗中议论,一个说:"今暝宴会怎样用大缸甲粗桶?""哎哟! 汝知影什么,苏亲王是民间特级厨师,皇上至今尚思念即珍珠糜凤眼脍,即是民间秘传烹调绝技,想必别有一番口福啊!"

宴会开始,文武百官各赐一碗,杨丞相捧到嘴边,一股臭酸味直呛对鼻空内入,伊凶凶咽了一口,我爸我母咯! 即号菜要怎样吞会落去,掂味时"咔呛"一声,菜汤对鼻空喷出来,咸酸苦涩,什么滋味赊晓讲。众臣看着杨丞相汤呛出鼻空,吸收教训,逐个对鼻空捏着,存死的,巴仑吞规碗互伊滑落,宣宗看着众大臣吞甲目珠白土,暗暗好笑,就问:"杨丞相! 即珍珠糜凤眼脍好吃无?""谢万岁! 遮珍珠糜凤眼脍臣曾听讲吕洞宾瑶池赴宴曾吃过,臣的口福匪浅,因为太好吃;吃得太紧,才位鼻空呛出,可惜可惜!"讲完就跪下将呛仵土脚的汤汁舔起来。宣宗又问众臣:"杨丞相所言果真吗?"众大臣哪一个敢讲不是,齐跪下:"谢万岁! 果真如此!""既是好吃,朕龙心大喜,每人再赐一碗!"众臣暗暗叫苦,但拢惊犯欺君之罪,即碗偌是砒霜嘛着吞落,存死的,放直喉洛落去(放直喉洛落去,放开喉咙咕咕吞下)。即时只见人人抽着腹肚边,李元帅下脚放连珠炮,庇庇吓吓,宣宗又问:"李元帅,为何如此?""万……岁,珍珠糜凤眼脍好吃,又助消化,臣是'下气消'。"放屁说是"下气消"较好听。宣宗说:"既是如此,朕龙心大喜,佫……"宣宗"佫赐一碗"未讲出口,只听下面大叫:"我爸我母! 死了了啦!"

咏厦门八景

（南曲词）

厦门市,风光绚丽,有胜迹八景,惹人心往神驰。

日光岩

鼓浪洞天、古避暑洞,游人多流连。更有水操台、龙头寨门,惹人忆当年。延平雄风今犹在,似看见千帆竞发,操戈挽弓直向前,驱荷夷,半屏重相连。

五老峰

五老凌霄,层峦苍茏,古刹耸霞烟。弥勒笑容可掬迎嘉宾,金刚好威风。八闽书圣墨迹在,钟鼓乐声绕梁。啖一席普陀素菜,"半月沉江"中外名扬。

虎溪岩

虎溪夜月,巨石嵯峨,古榕荫森森。玉兔东升烛照"夜月洞",奇景天然成。洞中罗汉猛虎像,因此得成名。还待三五月明夜,登岸赏月别具风情。

天界寺

天界晓钟,晨光熹微,钟声闻遐迩。寺前醴泉洞中有仙井,寺后长啸洞,征倭诸将存遗诗,佫有问仙路、仙迹石与仙浴盆,旷怡台尽是好光景。

太平岩

太平石笑,巨石嶙峋,草木真茂盛。此地真是个游览胜境,有两石重叠恰似开口笑盈盈,国姓读书处,石不能言因乜笑,喜今岩下琅琅书声。

万石岩

万石朝天,雾飞云绕,怪石锁云烟,岩巅万笏朝天石刻在,还有小桃源。象鼻峰下锁云处,颂扬郑国姓。中秋设宴施巧计,大义灭亲斩郑联。

白鹿洞

白鹿含烟,崩崖幽谷,林木相映掩,远眺鹭岛风光收眼帘。每晨光摇曳,洞中烟飘雾翻腾,缥缈如仙境。明末攻剿红夷,摩崖石刻留遗篇。

洪济山

东方欲晓,洪济观日,奇景有万千。晨夺白云银浪成一片,洪济山炮台似警告炎黄子孙。挨打历史莫重演。登上瞭望台,盼统一情思更绵绵。

汪宗辉作品

惪囝不孝

（答嘴鼓）

乙　人讲"惪猫跐灶,惪囝不孝",道理讲得相当透。

甲　我惪囝,惪甲真糟糕,不是"张",就是哭,不是吵,就是闹,规日"番巴里佬"。伊徛二楼,我徛灶口；伊睏席梦思,我睏旧稻草；伊吃麦当劳,我啃黑馒头。

乙　汝疼囝,上心头,恁囝一定孝顺有礼貌。

甲　哎,真是想无到,阮囝对我真不孝,骂我是块老柴头,甲我当作看门狗,放调我死以后,要将我拖去沤稻草,顺续放互溪水流。（放调,扬言）

乙　偌是雷公哮,敢会无地跑！

甲　哎,想当时,阮囝一出世,我年纪拄拄三十二,全家非常的欢喜,赶紧分头做准备,备办香菇甲虾米,肉皮甲栗子,山珍甲海味。油饭冲甲油渍渍,鸡蛋染甲红支支,大办酒桌请亲堂乡里,以及表兄契小弟,佫连搬三日高甲戏。

乙　恭喜,恭喜,恁生了男孩儿,一定聪明又伶俐,后

日佫做官,会察理,或者做生意,搞科技,为国家争光,为爸母争气。恁也吃老有所依。

甲　可是,"玉不琢,不成器;人不学,不知义",阮囝自细汉失教示,养成歹癖鼻,不时抨瓯甲拣碟,创甲规间嘈嘈滴,我也无打无骂无责备。

乙　人讲饲囝无论本,饲爸得数顿。汝饲囝,也得找窍门。

甲　我一日三顿,无饲糜甲饭,专饲鸡蛋鸭蛋鹌鹑蛋,蛋清无吃,专门吃蛋黄。串啉鸡汤鸭汤洋参汤,至少牛乳掺冰糖。(串啉,一贯喝)

乙　恁囝势大呣免问,无肥无瘦无矮当,健美比赛可能得奖状。

甲　现实甲愿望差很远,阮囝愈饲愈黄酸,一个面仔青佫黄,赊输着"猴损"。马上带伊去厦门,做了CT、X光,检查心脏甲胃肠,讲是拣吃大小顿,得多种营养才饲会返。

乙　医生一提醒,快饲蔬菜水果赤肉羹,番薯米糊甲芋泥。

甲　我就呣惊多开钱,营养品,买来拼命减摄。(摄,加多)

乙　汝到底,买啥米?

甲　我买娃哈哈,钙素母片,咪咪乐,鱼肝油圆(圆,丸),保儿安,百氏乐奶,肥儿膏,美国洋参丸,小星星,富血素糖片,新星儿宝,维生素E丸,脑白

悳囝不孝

金,乌鸡补药丸,鹿茸精……一顿灌九钱,蜂王浆当作糖仔咧吃甜,黄金搭档四界撇。(撇,丢)

乙　请问恁后子,结果变啥米?一定聪明甲龟精。

甲　哇,我饲甲一个囡仔婴,圆头短嘴肥"圆圆",无疑营养过剩,煞患肥胖病,赶紧送伊去住院,开了赡少冤枉钱。

乙　人讲"也得糜,也得箠,过分呈悳会落灾"。(箠,戒尺)

甲　阮囝到五岁,就做小皇帝,我是伊的臣下,佫兼总管甲衙差。伊呀,非常歹性地,经常叫个爸,当作四脚马,跍仁土骸爬,互伊骑咧趖,威风又跩势。不时用竹箠,连揍几仔下,拍甲险破皮,我佫满脸春风笑咧咧,呵咾阮囝是即个(竖大拇指)。

乙　汝疼囝,很到家,恁囝理应感激个老爸。

甲　唔佫很陋灾,有一过阮囝骑咧无好势,无小心,跋一下马上大发火,跍起三楼尾,讲要跳楼互我无后代。看到即形势,我惊甲要哭爸,惊甲脸仔黑茹茹,目珠跛白白,脚手会无脉,连打三针强心剂。(跛,反)(跍,爬)

乙　严是爱,宽是害,无管无教会变歹,恁囝七岁去到学堂内,是唔是脾气已经改,天天向上早成才?

甲　哎,无讲恁唔知,要讲见笑代。由于伤溺爱,悳囝悳甲倒头栽,规日番汰汰,叫伊读册伊唔爱,专门拉帮甲结派,相打撞槌乱子来,一礼拜,三日无去

学堂里,老师教啥伊呒知,

乙　恁囝是天才,成绩敢狯歹?

甲　哎,考一摆,白卷交上台,鸭蛋一粒来,真是朽木难雕难成才,泻败祖公十八代。狯读册,只好出社会,找无头路成问题,叫伊做工伊呒爱做,叫伊开车伊要狯,只好跍仁小横街,租店互伊做买卖。叫伊卖菜花,伊要卖酸梅,返做卖西瓜,又佫换卖皮鞋。

乙　恁后生,很尖锐,看来,生意很势做,趁钱可能相当侪?

甲　误会误会,人讲癀衫无洗,癀人无底,人偌甲唰衰,呸澜拢会毒死鸡。伊呀,爱吃呒爱做,实在很狼狈。三万成本互伊做,无久只剩三百元货底。加上狗兄狗弟相当多,有时偷拿甲偷捝,触犯法律犯了罪,劳教两年则把家回。(癀,憨)

乙　汝今免痛苦,人说浪子回头有前途,恁囝从此应该有觉悟。

甲　我苦,阮囝虽有较进步,呒佫思想佫真落后。吃饱迌迌嫌艰苦,不学无术无前途,无人愿意做个某,规日格拼眠床股,对我非常歹态度,我是有苦无地诉,目屎流了三大瓯佫两茶壶。想要看破行短路,呒佫鼻着农药唰要吐,睒着古井黑鲁苏,看着索仔赫大箍,冷天跳落小水库,寒甲敲敲唞,只好去找党支部,叫个共我斗帮助。

愚囝不孝

乙　哎,汝敢会赫歹命,饲着浪荡子,人叫伊唔听,鬼叫辘辘行。

甲　有影有影,真头疼,要讲讲唔听,要拖拖绘行,要打打绘赢,要关欠条件,要刣唔好成,气死又佫无双条的生命,如今只好揾咧痛。

乙　唔知祸根啥人造成？是天公已注定,抑是祖公无灵圣,或是风水无咧行？

甲　遮是唯心的物件,到底真实原因是啥？只因愚囝反误囝!

天顶敢会落馅饼

(答嘴鼓)

甲　天顶敢会落馅饼？
　　骗子的话呣通听。
乙　各人心头要捍定，
　　贪心上当会吼痛。
甲　有一日，日要昼，
　　我经过文灶，
　　来到金榜路口，
　　发现一个钱包，
　　拾起来一下敲，
　　啊，一条金链仔，
　　足足九钱九。
　　我斡头想要回阮兜，
　　一个青年也来到。
乙　拾着物件不能独吞，
　　看见的人也有份，
　　即条链仔值咧规万银，

天顶敢会落馅饼

汝我应该对半分!

甲　即时阵,我,
　　利令智昏要独吞,
　　惊纠纷,
　　也惊对方现开拳,
　　只好拿三千钱银,
　　互伊去买烟。

乙　(旁白)即个人,
　　非常笨,
　　真假金链看赡准,
　　注伊行歹运,
　　白白互人骗钱银。

甲　有一过,我出差,
　　住宿拄拄办好势,
　　遇着一个老阿伯,
　　手内提着两万元港币。

乙　(当阿伯)即位贵客,
　　阮一个表妹寄来两万元港币,
　　我急于还人债,
　　求汝共我换一下,我只收你一半价。

甲　我感觉,很好趁,
　　无几分钟时间,
　　可以赚规万,
　　又可帮人排忧甲解难。

等到银行一上班,
讲是假币我心寒。

乙 （旁白）即个人,很闇欺,
做人若想贪,
必然会凄惨,
苦果自己含。

甲 有一日,到三忠,
一个少年面带笑容,
推销各种音响,
不但质量很优良,
而且百分百中奖。
我买了一台录像(机),
中三万元的奖。

乙 哇,实在太好空,真是喜从天降,
赶紧请客去香江,也可白日做好梦.

甲 唉,没赫好把,
没有免费的普洱茶,
得先付三千元税,
才去商场领奖甲拿货。
结果,亲像犀牛梦月,
三千全都被风吹。

乙 汝啊,真糟糕,
想要富,穷就到,
傻瓜遇着大佬,(大佬,骗子)

敢着伤心目屎流。

甲　有一摆，
　　经过一间宫庙，
　　听见大呼甲小叫。

乙　来啦，
　　有冇的有着，
　　无冇的无着。

甲　只见门边一领席，
　　庄家在赫咧照烧，
　　三支扑克互人约，
　　别人一砛就现着，
　　赢甲嘴笑甲目笑；
　　我却注死找无药，
　　任砛砛狯着，
　　两千输了佫向朋友借，
　　气甲双脚跳，
　　感觉真可惜！

乙　個咧跋缴，
　　汝必然输了了。
　　汝呣识怀惊，
　　遮跋缴囝，
　　诈赌很出名，
　　跋输是汝好狗命,跋赢注汝皮得痛！

甲　有一次,我去迌迌，

看见一张招工的广告，
待遇相当的不错，
男工女工拢总好。
我想到阮兄嫂，
暂时下岗无工做，
马上联系惊报无。

乙　野好,野好,
下岗妇女更温和,
不过,手续真啰嗦,
我互汝一个账号,
汇一千就好,
手续才会办妥。

甲　我非常的欢喜,
无经过阮嫂仔同意,
自己大主大意,
共伊汇一千纸字。

乙　代志一定办甲很四是？

甲　哎,一千互伊骗去死,
青盲的放鸽溜溜去。

乙　后日敢得有记池,(记池,记性)
才赡互人牵牛鼻。

甲　我做人,很糊涂,
顶几日,去前埔,
进去酒店看菜谱,

  挃着一个水查某。
乙　即使水甲像天仙，
  也是恁佛鼻香烟，
  看有吃无干焦愁。
  不如较早去歇瘾。
甲　伊比天仙水三分，
  面如桃花免抹粉，
  眉如新月初出云，
  嘴如鲤鱼笑文文。
  哎哟，
  缺嘴的看见狯含唇，
  跷疴的看见狯伸匀，
  舡公看见狯驶船，
  师公看见狯引魂，
  乐手看见煞狯唸。（唸，吹）
乙　缺嘴的卖米粉——无汝份。
甲　人伊热情敬酒又请烟，
  讲话投机又温纯。
乙　算来恁真有缘分
  有啥好空的嗵相分？
甲　提起遮，很可恨，
  是我花心头壳笨，
  三杯过后人昏昏，
  睏醒的时阵，

　　　财物互人剥甲无剩半分文。
乙　汝好色无正经，
　　无人会同情。
　　根据诈骗的情形，
　　骗术也都无高明，
　　是汝头壳昏昏人呆灵。
　　则会经常出毛病。
甲　讲着非常的漏气
　　不只分呆清是非，
　　更因贪财爱人镭，
　　才会上当大吃亏。
乙　大家唔嗵咧侊态，
　　骗子的话要提防，
　　不可贪心而上当，
　　应该配合警察打豺狼！

竞选村长

（答嘴鼓）

甲　各位先生甲女士,我来介绍一件大代志。
乙　是要掠鱼,卖大猪,佫是咧要提工资,或者"非典"已解除？
甲　是要换届选举。
乙　要选的官有偌大？
甲　一人之下,千人之上。
乙　噢,是要选宰相！
甲　嘿,是真出洋相！是要选村长,选甲很紧张。
乙　村长职务赫尼小,代志又佫赫尼多,又佫真到勢得罪,一定无啥人肯做。
甲　汝呀,未老人先番,别人想法甲汝无同款。村长将近要改选,王村长,大动员,为了连任佫掌权,大造舆论大宣传,甚至封官甲许愿。
乙　只要动机纯,掌握好分寸,适当造舆论,也可加加温。
甲　竞选升温又加火,人马增加了一倍。出动了大姐

小妹,串联了屋边头尾,动员了亲戚五月,拉票人员满天飞。

乙　拉票人员怎样讲?只要公平又正当,争取选票又何妨?

甲　我共汝实实讲,本村大多数姓王,现任村长名叫王根旺。伲叔向姓王的通风:"一笔难写两字王,咱是同姓又同宗。好歹拢是咱亲堂,要选得选王根旺。"

乙　哎,社会进步,突飞猛进,思想观念得更新,任人唯贤不唯亲,应看才干甲人品,秉公办事为村民,则会得到村民的承认。

甲　村长伲兄去找王大呆,见面马上摊底牌:"过去互汝较屈才,村委没有汝在内;若互根旺佫上台,村委互汝做看睭,保汝升官又发财!

乙　王大呆,一定笑夋夋,感激万分在心内,双骹跪落酷酷拜。

甲　(口吃地)我做人,虽然土,一贯很糊涂,唔佫心内也有数,我是大老粗,一二三四五,也算掂清楚;我会当干部,狗仔也有四脚裤!

乙　真是七土八土,撨石头,撨腹肚。(撨,弄)

甲　村长伲某李秀宝,嘴尖舌利嘴唇薄,四处游说免讲稿:"老阿婆,老兄嫂,偌让根旺再领导,生育指标随便讨,五男三女免惊无。"

乙　村民一定很欢喜,撨双手,大支持,答应选票投互伊!

竞选村长

甲　嗨！即阵大家已认识,计划生育是国策,岂能拿伊做交易！超生啥人敢负责,多生也无培养的能力,耽误下代更失德！

乙　群众有水平,完全不领情。

甲　村长妹婿也讲话:"若让根旺继续做,无论啥人要厝地,保证现讲煞现批！"

乙　(旁白)群众看法很尖锐:"土管"局长唔是伊咧做,怎样越权乱子批？偌是大家乱占地,子孙生存成问题！

甲　拉票活动搞好势,落实到了每一家,王村长,笑咧咧,认为宝座照原是伊的。

乙　拉票工作做狯孬,紧锣密鼓巧安排,根旺一定稳坐钓鱼台！

甲　选举提名一开始,村长个兄嫂对根旺大呵咾,讲伊态度很温和,工作做真好,规日咧奔波,无功劳,也有苦劳,应该继续当领导！

乙　到会的群众,一定大鼓掌,歌功颂德大赞扬。

甲　村民上台也发言:讲到村长的表现,伊是一个烧酒仙,经常咧赴宴,三杯落肚佺佺颠,痟话废话一直练,全村面貌无改变。(佺,踉踉跄跄)

乙　实在不得了,有人唱反调,情况很不妙,众人嘴,揞狯住。

甲　自由发言一开始,村民七嘴甲八舌:村长无做啥代志,没带头创科技,农业生产搞狯起,村办企业

也倒闭,村财收支可怀疑。

乙　急转直下要怎样?竞选要怎样收场?

甲　汝放心,即时半路杀出程咬金,有个青年伊姓林,农校毕业知识深,公益事业很热心,决心竞选即一任。

乙　应该当场来问伊:有啥施政的措施。

甲　小林表态很分明:第一做官要廉正,贯彻政策要坚定,办事认真又公平,村财收支月月清。

乙　对,官要做,政治得挂帅,经济搞会起,群众则会支持!

甲　第二念好山海经,科学种田产量增;村办企业要振兴,注意营养甲卫生,营造优美的环境。

乙　大家听甲很入耳,要求小林继续谈措施。

甲　第三各业要兴旺,道路必须得畅通,筑巢以便引凤凰,奔向小康有指望。

乙　村民鼓掌又欢笑,会场规下嘿嘿跳。(嘿嘿跳,热闹)

甲　第四,办好村里的小学,培养人才是正道;关心老人办养老,老有所养可迌迌。

乙　村长佢一家,一定很歹势,开始叉甲耙。(叉甲耙,耍无赖)

甲　村长听了后,无言可答像哑九,佩服小林非常势,紧跟形势有头脑,自愧不如应认老,退出竞选不胡闹,带领佢全家口,支持小林来带头,希望改变村面貌。

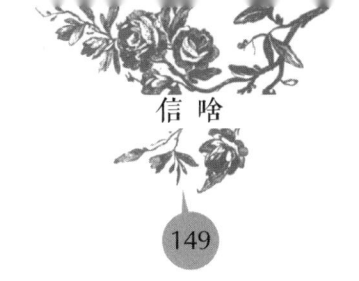

信 啥

(答嘴鼓)

甲　真久无见汝的面,以为汝已过番爿。(番爿,南洋)

乙　我咧研究一字"信"。

甲　对于马列主义精神,

乙　我信。

甲　利用科技会脱贫,

乙　我信。

甲　老虎行路也会箃眠,(箃眠,瞌睡)

乙　我信。

甲　乾埔的也会怀孕,

乙　我信——无,无,怀信!

甲　汝研究"信"要创啥?

乙　汝免急,我来讲汝听。

甲　好,请!

乙　我有一个亲戚,名叫陈大埕。

甲　我知影,我知影,汝是個表兄,伊是怎姨母的细

子。勇身命,骨力又打拼。

乙 对,爱拼才会赢,身体勇壮则浍厚病痛。(厚病痛,生病)

乙 唔佫,花无百日芳,人无千日红,突然间祸从天降。

甲 到底是创甲血流头破,还是中暑着黑痧?

乙 不是啦,拄则一边吃西瓜,一边唱歌1234,掠昧时,身体无快活,骹手搦搦掣,气喘浍直嘴浍喊,心肝脉股扑扑掣,偌无快医就浍活!(搦搦掣,抽搐)(扑扑掣,颤抖)

甲 快喊厝边头尾,大姐小妹,亲戚五月,帮助消灾灭祸。

乙 有啊,规间厝钳黑黑,塞甲浍返身反过路,七嘴八舌讲步数。(钳黑黑,人很多)(步数,办法)

甲 有几种抢救方案?偌无快医会致残。

乙 胡涂伯啊今年八十外,讲是犯了凶神甲恶煞,散手则会搦搦掣,得去抽签甲卜卦。

甲 即种讲法不可信,赶快找病因。

乙 童乩拄是大埕个母舅,马上出神做部署!讲是天神经过个厝,只要杀猪甲倒牛,病魔就会离开伊的身躯。同时画了三张符,包了一包香烌,讲泡水喝落病根除。(香烌,香灰)

甲 画符治病若会听,开设医院要创啥?哑,啉了符令香烌茶,身体有无较好势?

信 啥

乙 好势？互迄符纸一下椵,规下目珠反白白,骹手险无脉。连打三针强心剂,偌无会去找个过身的老爸。(椵,梗)

甲 既然无对症,赶快另请高明!

乙 有咧,神婆接落发表高论！讲是犯了前世的阴魂,得共伊超度烧金银,偌无病情赡断根。

甲 真是嚣六唔免本,妖言惑众实可恨。(嚣六,撒谎)

乙 师公无久也来到,牛角吹甲店店响,花枝盐米溴甲规门口,讲是厝宅无对头,得改大门重安灶,则会平安改变面貌。(溴,洒)

甲 安尼,七闹八闹,恐怕愈创愈糟糕。哎,搞迷信创啥货？快请妙手来消祸!

乙 有咧,一个算命先,拄好路过,来到大厅一下坐,讲伊专做逢凶化吉的工课,只要二百互伊买茶配,就可把恶煞抓入乾坤袋。到路尾,伊就开始"说"(读雪)。

甲 伊讲啥货？

乙 伊说大埕遇到横祸,即祸若过,会吃百二岁,即祸赡过,就会睏草坯。(睏草坯,死)

甲 哟,相命嘴,糊累累,相信伊,会吃亏,增加思想负担佮了镭。

乙 一个和尚也来做巧兆,讲伊会降魔甲捉妖,手擎宝剑咧假痟,叫大埕得跟伊跳。(巧兆,法术)

甲 跳着一定真好料?

乙 安尼一下跳,两下跳——

甲 三下煞好巧巧。

乙 唔啦,三下当螣稠,四下险险死翘翘!

甲 即办法,螣解决,无快处理命会绝!

乙 有啊,個某想甲无来由,第二日,赶快去旅游。

甲 啊,個翁咧要虯溜溜。还有心去旅游!(虯溜溜,死)

乙 有,伊今日去泉州,开元寺里去添油,明日去南普陀寺添福寿,后日去向祖师公乞求,落后日去城隍庙听念咒……

甲 伊跑赫侪佛寺,若是空嘴哺舌,神佛是不是会管伊?(空嘴哺舌,空头支票)

乙 有啊,伊诚心又诚意,发愿慷慨又稀奇!讲若互阮翁好是是,就要送来黑叶的荔枝,红仁的蟳蠘,野生的龟鳖,大只的鸭咪,数控的电视。(蠘,梭子蟹)

甲 真是"设仙",搬猴齐天,看有食无干乾憖,亲像忞佛嗅香烟。哎,到底情况有没有改变?(猴齐天,孙悟空)

乙 螣输挑沙填海了忞工,病情越来越沉重,看来敢会无指望!(挑沙填海了忞工,白白花工夫)

甲 唔免苦,唔免苦,福人自有天助。赶快找别种门路!

信 啥

乙 "山重水复疑无路,柳暗花明又一村",正当失望的时阵,村里决定要犒军,还要过火求福分。(犒军,一种宗教活动)

甲 过火是唔是会改运？我满腹是疑云。

乙 迄日,俋某扶俋老公,看见炭火心发慌,火炭烧甲非常旺,规堆红绛绛,黑烟甲白唥,为了消灾早健康,雄雄就向火海趖。(白唥,白烟)

甲 哎哟,即摆一定煞现好？

乙 哎,什么过火？真是天灾加人祸,大埕跑甲咧要过,无疑煞顿土坐,尻川烧甲煞脱皮,血水规下嘈嘈洒。

甲 快打120,赶快抢救唔通停！

乙 大家赶快搬救兵,现打120,无到半点钟,大埕已经倒在病床顶,伤口涂药非常灵,真快好转无险情。

甲 有惊无险很庆幸,也唔着顺续检查原来的病情,看是患了什么症？

乙 有,因祸得福,令人高兴,医生查出旧毛病,断定是患虬筋症,是缺钙引起的情形,一针葡萄糖酸钙输入身顶,药到病除现"活龙龙"！

甲 看来,信神信鬼信命运,伤身劳神了钱银,相信科学是根本,促进文明添福分。

皇帝的查某仔也愁嫁

（答嘴鼓）

甲 今日来即地唔是来练牙。

乙 抑无汝要来创啥货？是来吃烟佮是泡茶？

甲 我是要来介绍新形势。

乙 是要讲股票咧起价，还是中东耸和起冤家？或者甲人咧援无脉？（援无脉，号不到脉搏）

甲 哎，何必管甲赫过科，我是关心阮表妹，皇帝的查某仔苦无地嫁。（赫过科，越位）

乙 我知，我知，允是生成大股呆，狯做工也狯卖菜。

甲 无啊，人伊灵巧真有才，早在中学的时代，就参加过全国知识竞赛，佮奖着一块金牌！

乙 看来，人还很厉害。或者是，生成否看无人爱，叫人一看，神就退到南海？（神就退到南海，吓跑）

甲 人伊呀，鱿鱼嘴，鲤鱼眉，生成苗条好身材，狯输仙女来投胎，西施唔敢甲伊站并排，貂婵唔敢甲伊比看睰。

乙 佮是父母表现歹，互人管制或劳改，惊受连累歹

皇帝的查某仔也愁嫁

交代？

甲 唉,俺老爸,新上台,全县人事大权掌握伫手内;俺老母,伫人大,表现突出啥人嘛知?

乙 嗯,姑娘生成好相貌,家境良好父母势,一定是,无人敢走到,惊高攀伊赡起,门户赡对头。

甲 有啊,提亲的人规门口,门庭若市很热闹,门口踏甲赡发草,石埕踏甲凹规沟!

乙 看来真热门。

甲 是啊,求亲的队伍排很长。

乙 有偌长,排了偌远?

甲 嘿,实在歹计算,从顶村,一直排到厦门,天未光,排到吃暝昉。(吃暝昉,晚上)

乙 安尼,好中选好有可能,婚事一定容易成。

甲 嘿,阮表妹爱虚荣,目珠生伫头壳顶,即山看迄山,更加好光景,婚事一直尢法通决定。

乙 (若有所悟)噢——有一年的下冬,我去做媒人,我以为,伊会满口答应"笑漘漘"。

甲 (回忆起来了)对对对,是是是,当时确有即代志。我曾经口头答应,伊红娘若做会成,媒人礼,最少包三千,还要送伊去"渡行"!

乙 吴七银行当会计,伊有自己的厝宅,俺姑经常寄港币,即门亲事真好势。

甲 好势是好势,可惜伊较无成少年家,没有武松的体格,站起来,比我俗较低,我若降格去出嫁,敢

会互人笑甲落门牙！

乙　林八是大学研究生,挂伫机关搞行政,一表人才头壳灵,逐个讲伊好前程。

甲　姆佫花无百日芳,人无千日红,万一轮着伊下岗,我要靠啥人？

乙　就安尼,报一个,嫌一个,报一打,嫌六双,白马王子,嫌伊无武功,百万富翁,佫秤无够重。

甲　岁月无情,二十五岁当妙龄,转眼过了十年整,皱纹开始爬上伊面顶。

乙　日月如梭,水查某变成老姑婆,性情古怪爱啰嗦,亲戚无人敢佫报。

甲　日看鬓角渐添白,皇帝的查某囝无地嫁,姑娘公开大削价：无管地位高还低,不论趁钱或欠债,无嫌身材好体还歹体,愿者开声,我拢肯嫁！

乙　即正是——
对自己,应该实事求是,姆嗵过高估计自己；
对别人,姆嗵求全责备,则袂后悔暗伤悲！

牵猪哥,好名声

(方言顺口溜)

各位先生、女士,请!
我来讲古分恁听。(讲古,讲故事)
要问故事叫啥名?
就叫"牵猪哥,好名声"。

话讲黎安后山坪,
有一个叫陈三思的查某囝,
陈玉华,就是伊的姓名,
伊找一个对象叫林进京。
讲到即个林进京,
算来佫是阮亲戚,
我是伊的大表兄,
伊是阮姑的小查某囝。
今年二月十二,
上晡八点正,
林进京,提金手指一件,

羊毛衫一领,
要去见丈人送定。
陈三思见即林进京:
大股健,勇身命,皮鞋眼光镜,即学洋装佫现领,
五官生得真端正,
未讲先笑好所行(客气),
看着非常得人疼。
老陈就向查某团探听:
伊是何方人氏叫啥名?
什么单位,咧创啥?
玉华小声讲伊听:
伊叫林进京,
家住汀溪牛屎岭。
伊嗨那会牵猪哥尔尔,
佫有当兽医的证件,
省市劳模有伊的名。
老陈一听心头惊,
险险倒僾向,(倒僾向,仰倒)
唔,牵猪哥,歹名声,
人讲一人牵猪哥,三代人免号名,
逐人叫猪哥仔进京,
猪哥仔进京個囝,
猪哥仔进京個兄,
猪哥仔进京個亲戚。

牵猪哥，好名声

千金难买好名声，
即条亲戚，
千讲也赊成，
不准甲伊行。

玉华伊横柴敢撵直灶。
我甲伊行，
人人拢知影，
若是无成也是歹名声。

戆子,戆子,
我则告诉林进京，
今日汝来送定，
无疑昨天拚破一个大鼎，
可见恁两人无夫妻命，
偌是勉强结亲戚，
后日会吼疼。(吼疼,遭殃)

人讲锣鼓听音,听话听尾声，
进京明白是，
嫌伊牵猪哥歹名声，
相辞煞现行。
心想:好,有某有某命，
无某嘛是天注定，

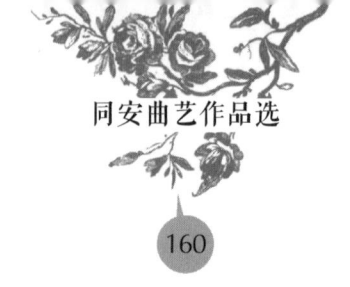

唔是祖公无灵圣,(祖公无灵圣,祖先不庇护)
也唔是风水无咧行,(风水无咧行,风水不好)
只要我佫打拼,
总无光棍司令会着名?
所以进京照原当兽医,牵猪哥,(照原,依旧)
认真钻研医道,技术不断提高,
服务非常周到,从来唔怕疲劳。
进京养的猪哥品种特别好,
出的猪仔粗佫䳭,(䳭,身长)
势大又不会坎坷,
远近人人都呵咾。

真是千拄好,万拄好,
陈三思迄只猪母,
也得配种牵猪哥,
玉华要叫进京牵来配比较好。
老陈一听火癀焯,(火癀焯,发火)
汝敢是咧难离得旧相好,
哼!我则唔入汝的圈套!
宁愿猪仔一只也出无,
也唔叫进京来牵猪哥!
结果,等到猪母要退情,
则叫人牵猪来配种,
因为品种、技术有毛病,

牵猪哥,好名声

只生一只,
来又佫虬零零。(虬零零,瘦小不成苗)

有的拍手暗高兴,
有的郑钉打管仔枪,(郑钉,取笑)(打管仔枪,拿话奚落)
有的呵咾兼批评:
老陈思想清,做人真正经,
连猪母也提倡独生,
快去办理独生猪仔证,
只生一只真光荣!
老陈气甲卟卟冲,(气甲卟卟冲,气冲冲)
把猪仔撇仁水沟顶,(撇,掷)
当场现判处死刑。
无佫久,猪母又发情,
玉华要叫进京牵猪来配种。

老陈心里想答应,
嘴仔激静静,(激静静,不吭声)
等到进京牵猪来配种,
伊站一边看情形。
只见进京有本领,
功夫好,骹手灵,
无到两分钟,配种煞完成。

又见玉华很热情,
两人有说有笑喜盈盈,
如鸳鸯一对,像琴瑟和鸣。
心内虽然有几分高兴,
但是牵猪哥,不中用,
唔把好花插亿牛屎顶,
亲事还是唔答应。
转眼四个月过去,
猪仔将近要出世,
老陈又惊又欢喜,
喜的是猪母将见利,
不久就可数纸字。
惊的是,若佫生一只猪仔痞,
互人笑着得半死。
猪母咧要生,
老陈位日落守到半暝。
偏偏电灯出毛病,
真是早唔生,晚唔生,
有火戳到无火星。
等到三更天,
头一只猪仔则降生。
唔佫只生一只又停止,
老陈摇头拌耳,垂头丧气。
唉,敢会即歹手势,

牵猪哥,好名声

做人偌是歹运气,
啉滚水也塞齿,
呸澜饲鸡鸡也死。
本想越回去,
突然又佫一只猪仔出生吼吱吱,
接落佫一只一只,
相乇来出世。(相乇,相继)
二、三、四……十一、十二,哇,一共一打圆圆圆,
逐只甲胖狮狮,
很光生,
圆头短嘴水咪咪。
老陈心里比咧啉蜜较甜,
呵咾进京了不起。
猪仔饲了两星期,
逐只𣍐输咧吹风甲打气。
呣佫老天不作美,
猪仔突然煞做痢,
偌无快医,
敢会逐只死硬硬。
玉华打电话请进京来医治,
老陈却去问童乩,
说是山神甲土地,
来咧相创治,
得去许愿求保庇。

就在六月中午时，
老陈去到甘露寺。
三条香，炉中插，
一双筊，跪贴贴，
发愿慷慨又奇巧，
偌互我的猪仔卖一千又八百，
就送来四角的豆干，
长辽的猪肉，
尖嘴的火鸡，
扁嘴的水鸭，
圆形的仙楂，（仙楂，山楂）
成坪的羊筊，
金华火腿用油炸，
可乐互汝止嘴干。
发愿完毕就回去，
啥人知佛祖不肯相保庇，
回到六角池，
不觉头壳痛甲拢要裂，
满天金条金熠熠，
头重筊轻倒落去，
不省人事险现死。

正当老陈危急时，
来了一位背药箱的同志，

牵猪哥,好名声

唔是别人,正是进京伊。
真是无巧不成戏。
伊摸到老陈的骹手冷悲悲,
清汗嘈嘈滴,(清,冷)
脸仔青支支,
嘴唇拢发紫,
断定是中暑得快医。
唔佫,要送去医院,
无车真费气。
要请医生治,一时无容易。
忽然急中生智,
对!用猪药医!要拍复方SG。
唔佫拍猪的针筒太大支,
敢会未死戳咧煞现死。
只好用土霉素治,
佫用葡萄糖水灌落去。
则将老陈背回去,
背了铺外路,
进入老陈的门户。
全家亲库库,(亲库库,很亲)
赶快杀鸡焗猪肚。(焗,炖)
进京饮茶拢赊顾,
立即医猪惊耽误,
打了黄安瓜,又打黄霉素。

当日迄下晡,
老陈的病就好啰,
猪仔也会吃奶,会走路,
会吃豆饼甲麦麸,
后来真的卖了一千八百元。
老陈即时想到,
对待进京有错误。
就改变了态度,
把进京当作救命的佛祖,
当作乘龙快婿来爱护。
见人就"自己呵,不惊臭鼎罗"。(自己呵,不惊臭鼎罗,不忌嫌地自夸)
阮进京,真进步,
思想好,人忠厚,
当兽医,真有谱,
救病人,也利落。
牵猪哥,专业户,
先富光荣有前途。

好,即个故事说到遮就好,
我对进京大呵咾,
呣是希望在座也去牵猪哥,
只是本领一人有一套,
千万呣通看人无。

同安颂

(方言顺口溜)

同安风景值得游

同安真是好所在,
三面环山一面海,
风景优美又精彩,
想要旅游得快来。

孔　庙

同安有座孔子庙,
孔子精神当空照,
史迹陈列真狯少,
佫有精美的雕石。

梵天寺

大轮古刹梵天寺,

宝殿辉煌水无比,
山门最大就是伊,
广场石狮有灵气。

梅山寺

同安出名的梅山,
巨大玉佛坐殿坛,
石窟众神相追赶,
佛殿林立景好看。

影视城

影视城的众大殿,
观众可过皇帝憨,
欣赏民俗的表演,
心旷神怡飘飘然。

北辰山

省级名胜北山岩,(北辰山俗称北山岩)
它是开闽的纪念。
龙潭仙宫好景点,
迨迨半日还留恋。

竹坝农场

竹坝归侨真热情,

经常弄狮又弄龙,
南洋舞蹈很轻盈,
风味小吃很丰盛。

芦山堂

省级文物芦山堂,
纪念宰相的苏颂,
为官科研都立功,
举世称道有名望。

温 泉

翠丰以及盛之乡,
温泉之游受夸奖,
心身怡悦露笑容,
神仙生活很舒畅。

德安古堡

汀溪五峰真成样,
最爱德安的古墙,
观看婚俗焘新娘,
品吃土鸭焖仔姜。

西山岩

西山岩,很幽静,

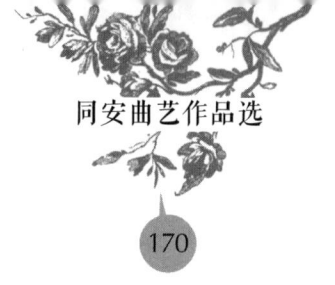

盘山公路通山顶。
三宝佛祖坐厅庭,
居高临下看美景。

金光湖

莲花有个金光湖,
天然氧吧好场所,
林海叠水奇观图,
艺人表演受欢呼。

野山谷

莲花闻名野山谷,
金溪戏水比赛酷,
恐龙控险很快乐,
健身避暑享清福。

罗汉山

莲花美埔罗汉山,
雕刻五百个罗汉,
活龙活现受称赞,
游完就地可用餐。

森林公园

小坪森林的公园,

树木参天很荫影,
山花名树好风光,
避暑胜地冠厦门。

铜鱼馆

南门桥头铜鱼馆,
石雕景致真过关,
参观的人来不断,
优美传说长流传。

三忠宫

洪塘南面三忠宫,
缅怀英烈的忠诚,
联结闽台骨肉情,
香火不断真鼎盛。

茌畲村

旅游示范茌畲村,
采果挽菜田中央,
水中垂钓入鱼缸,
八卦殿里学妙算。

同安美食知多少

同安美食相当侪,
吃了嘴笑心开花,
偌想要吃快去买,
免得过后会后悔。

同安封肉

同安封肉很时行,
肉质无肥也无精,
香菇栗子来合成,
风味独特很出名。

蚵仔煎

讲到同安蚵仔煎,
蚵仔鸡蛋虾仁片,
美味可口又新鲜,
吃着知饱唔知瘖。(瘖,消停)

烧炸枣

同安闻名烧炸枣,
包蔴包馅拢总好,
一粒赤色圆啰啰,

同安颂

大家吃着都呵咾。

烧肉粽

品尝同安烧肉粽,
嫩滑甘甜味素香,
吃过心里唔肯放,
佫带一矸去送人。

碗仔粿

同安出名碗仔粿,
肉茸掺蛋混合炊,
油葱蒜蓉也好货,
吃了三块佫再要。

腌羊腿

好佳来,卖羊腿,
腌制功夫很到位,
香甜脆软好入嘴,
吃过的人笑微微。

薄　饼

招治薄饼人人爱,
油饭切丁杂锦菜,
多种搵料两边排,

大家快来试看晱。

汤 包

同安一流的汤包,
皮薄馅甜好入口,
未吃已先齿澜流,
吃过的人都安喉。

大肠血

凤岗制作大肠血,
非常滑润色致水,
汤头醒嘴又开胃,
晚到买无就吃亏。

进士芋

汀溪褒美进士芋,
质松味香又大箍,
进入嘴里呣免哺,
买甲相争好主顾。

盐水鸭

东山阿呆盐水鸭,
麻油姜母来相夹,
味素香甜又奇巧,

同安颂

偌想要买得趁早。

沙茶面

胡须平仔沙茶面,
腹内肉茸来相添,
汤头可口落喉甜,
大家买甲拢相争。

咸稀饭

县府对面的咸粥,
香菇乌鸡油炸果,
最妙要算猪头皮,
绘油水色又很脆。

红仁蟳

同安美食红仁蟳,
红仁规下红鈂鈂,(鈂鈂,沉沉)
美酒一杯相对饮,
眉飞色舞很开心。

满煎糕

铺前牌的满煎糕,
芝麻豆肤黑糖膏,
吃着口感很不错,

偌是晚到就买无。

马蹄酥

同安双鹿马蹄酥,
历史悠久好手路,
麻油麦芽是束补。
顾客买甲钳黑黑。

炒面线

粉粿麦汦炒面线,
经济好吃又好看,
顾客愁甲流滴澜,
一睏吃咧规大碗。

同安历代名人录

同安地灵名人侪,
英才辈出一大批,
挂一漏万讲几回,
鼓舞后人传佳话。

许 滢

开闽将军是许滢,
带领西汉的官兵,

驻扎同安地面上,
发展经济为民生。

吴夲

宋代神医是吴夲,
医术高明医德好,
救死扶伤有功劳,
正则为神成正果。

苏颂

宋朝贤相属苏颂,
出生同安芦山堂,
为官清廉民意通,
科学发明立奇功。

林希元

理学名宦林希元,
家贫苦读能过关,
刚正不阿掌好权,
关心百姓的冷暖。

陈沧江

三郡知府陈沧江,
重视兴才育人,

兴修水利为振邦,
政绩显著名声香。

洪朝选

刑部侍郎洪朝选,
办案严明合民愿,
敢甲奸相巧周旋,
为文为人很过关。

陈道基

刑部尚书陈道基,
少小家贫不丧志,
居官不忘顺民意,
政绩卓著人谦卑。

许 獬

会元传胪的许獬,
细汉聪明很有才,
文章诗文规腹内,
誉满五湖甲闽台。

蔡复一

五省经略蔡复一,
勤政为民有政绩,

边吃薄饼边动笔,
敢于碰硬人正直。

林君升

江南提督林君升,
治军纪律很严明,
曾任台湾的总兵,
忠于国家甲朝廷。

陈化成

民族英雄陈化成,
细汉练就好水性,
转战沿海咧抗英,
为国捐躯真光荣。

苏廷玉

四川总督苏廷玉,
满腹经纶有策略,
抑制奸商米价俗,
平定叛乱顾大局。

吕文经

水师管带吕文经,
多国外语都很精,

驶船作战有本领，
北洋水师所重用。

陈嘉庚

华侨旗帜陈嘉庚，
倾资办学无惜钱，
热爱祖国甲百姓，
英名永驻到万年。

柯朝阳

同安县副柯朝阳，
热心侨务爱家乡，
掩护革命的民众，
受到肯定甲赞扬。

林巧稚

妇科专家林巧稚，
举国一流的名医，
医德高尚好无比，
四海有口而皆碑。

彭德清

身经百战彭德清，
细汉投身于革命，

同安颂

曾任海军副司令,
抗美援朝善用兵。

"一村一品"皆名牌

同安是个好所在,
物资丰富出名牌,
简单介绍给恁知,
希望大家能喜爱。

汀溪褒美进士芋,
环境得天而独厚,
芋头一粒两斤五,
口感香松好味素。

田洋甘蔗长又粗,
茎大汁多皮又薄,
吃着清甜又很破,(破,酥松)
男女老幼拢呵咾。

洪塘郭山紫长茄,
既长又大红光照,
营养丰富无喷药,
顾客嘴笑甲目笑。

下溪头的白菜头,
大条光滑肉很厚,
食用腌制拢可口,
远近闻名大安喉。

汀溪顶村的茭白,
肥大洁白如美玉,
炒肉好吃佮好色,
对于身体真有益。

同安莲花的小坪,
芥菜经霜特别甜,
养分丰富很值钱,
大家买甲拢相争。

三秀山脚栽香菜,
环境规范无公害,
炒熟鲜吃拢姶坏,
深受顾客的喜爱。

莲花后埔的生姜,
一板可达五六两,
一白二嫩好模样,

同安颂

吃着开脾喜洋洋。

汪前荇后的岩葱,
高山栽培真用功,
茎叶幼嫩非常香,
味素特殊愁煞人。

洪塘石浔西红柿,
又大又圆红支支,
富含营养好滋味,
酸甜可口吃开脾。

大同东宅的丝瓜,
生得真长又真大,
整齐美观人人夸,
偌想要买快找我。

西塘龙眼凤梨穗,
品质优良很可贵,
粒大肉甜好入嘴,
装罐焙干更值镭。

新民柑岭甜玉米,
棒长粒大了不起,

鲜食口感好滋味,
物美价廉很合宜。

汀溪新路蜜雪梨,
皮绿肉白很可爱,
汁多果脆甜嘴内,
清凉降火脾胃开。

汀溪西源的蜜柑,
果形美观像彩球,
甜度很高品质优,
产品畅销遍九州。

竹坝农场的杨桃,
果大味甜色致好,
止咳功效真不错,
顾客抢购惊买无。

西柯埭头番石榴,
果形美观水溜溜,
粒如珍珠好应酬,
美化生活添福寿。

洪塘郭山的山鸡,

同安颂

185

珍禽品种的宝贝,
氨基酸,含量多,
滋补身体传佳话。

洪塘石浔红仁蟳,
肉美仁多红鈖鈖,
菜头焐汤真好啉,
大家吃了真开心。

新民溪林赤肉猪,
赤肉好吃佮好煮,
回报快速有好处,
难怪业主大投资。

莲花云洋的面线,
制作精良真好看,
吃着的人拢喜欢,
大家憨甲流滴澜。

莲花蔗肉的米粉,
手工制作选料纯,
炒着真松煮真韧,
偌无快买就无分。

同安物产很丰富,
恁若感觉有兴趣,
我可为恁来服务,
亲自带恁到产区。

彭炳华作品

投 案

(小品)

人物　夫,三十余岁;妻,近三十岁。

(妻扛着一辆崭新的自行车作登楼状,上锁放下)

妻　拄者上街青采买了一张福利彩票,汝说幸运不幸运,中了一辆自行车。社会流传不丢自行车就不算特区人,我只好甲伊扛到自家门口走廊。嘿,今日是正月初九,我要敬天公啦,谢谢天公保庇。

(夫上,脖子挂着一双女式高跟鞋,一副胸罩)

夫　今日正月初九敬天公,主人在家我偷盗难成功,假装捡破烂偷窥窗,三只手十盗九不空。

(夫模仿京剧《海港》唱:"大吊车,真厉害,轻轻一抓就起来!")

夫　小铁钩,真厉害,轻轻一勾就出来!哈哈哈哈……

(夫作登楼梯状,发现楼梯口停一辆崭新自行车)

夫　咦,送上门的礼物!待一会儿看我不慌不忙、顺手牵羊、撬锁盗车的手段!

夫　(开门进屋)老婆,这双高跟鞋汝穿看看合脚不合脚,佫有这副胸罩……

妻　啥人要汝的臭东西!啥人要汝的赃物!

夫　别生气嘛!正月骂人不吉利!呣嗵看我捡破烂,即个职业蛮高尚。

妻　别人高尚汝不高尚,汝兼做小偷,佫有脸来讲高尚!

夫　小偷?嘿嘿,汝知影哪种人创造的就业机会最多?

妻　难道是小偷?小偷搅得鸡犬不宁,破坏社会安定。

夫　YES!YES!老婆聪明!为防小偷,家家安装防盗门、钢筋窗罩,小区、单位要雇保安,公安忙得底朝天,贪官家里被盗曝了光,即案中案又忙坏了反贪局、纪检,门窗破坏了只得重新安装,东西被偷了只好再到商场,促进消费工厂忙着开工生

投　案

产……如此这般,小偷也不能小看。

妻　你这是强盗逻辑,天底下没有这种道理！偷盗成风,百姓遭殃！（点香祷告）天公伯啊天公伯,家门不幸,才出小偷,阿弥陀佛！

夫　我看家家户户都在敬天公,一个天公哪能顾得上千家万户。（抢香祷告）天公伯啊天公伯,你一个人很忙,先去保庇别人。

妻　你这个天打雷劈的！

夫　天公如果真会保庇人,也不会轮到咱这种人,年年正月初九拜天公,也没看见保庇你什么,倒不如敬时迁。

妻　敬谁！你再说一遍。

夫　时迁。

妻　时迁？他是谁？

夫　梁山好汉！诨名鼓上蚤,鼓上跳蚤！你看他偷店小二的叫更公鸡,偷徐宁的雁翎甲多神。

妻　哈哈哈哈！人家有正义感,为梁山事业立下汗马功劳,是"盗亦有道"！你这种小毛贼顶多像《十五贯》那出戏里面的娄阿鼠！

夫　你别咒我,正月我不跟你理论。天未亮我起床捡破烂,睏得要命,我要睡觉补眠啰！（转入台后）

妻　此生像欠你的债似的。我手气正旺,要下楼去买福利彩票,即使不中也是做一件善事。（转入后台）

(夫上,撬锁偷走楼梯口自行车,动作十分利索)

妻　(上,走路一拐一拐地)哪个杀千刀的,连窨井盖也偷走了,害我一走神,踏进了窨井,摔了一跤崴了脚。(两人相遇)

夫　老婆,你怎么啦!

妻　哪个杀千刀的,连楼角那个窨井盖也偷,害得我崴了脚!

夫　哎呀!那是我早晨撬走了,真是种瓜得瓜,聪明反被聪明误,害了卿卿性命!

妻　造孽呀造孽!你真缺德啊!咦,你从哪里牵来这辆自行车?

夫　停在咱这座楼楼梯口的。

妻　这辆是我刚才买福利彩票中彩的车,你也偷?真神呐!

夫　(尴尬)我还以为捡了个便宜呢!

妻　(拉住自行车后架)今天非把账算清不可!走,到派出所投案去!

夫　NO!NO!

妻　不去我就告发你,就离婚!

夫　你敢!

妻　我怎么不敢!我现在就去打110报警,还要请区妇联来维权。

夫　我偷你的车,偷窨井盖让你崴了脚,难道我就不心疼吗？我是搬起石头砸自己的脚,自作自受！老婆,你就再原谅我一次吧！

妻　已经原谅你无数次了,这次我成了你最直接的受害者,我才切身体会到原谅你等于原谅你的同案犯、窝藏犯、销赃犯！害人终害己,善有善报,恶有恶报,今天的事就是现报应。

夫　我发誓,我再也不敢作案了！如果再小偷小摸,我不得好死！

妻　我不相信你的赌咒,要让我相信,除非去投案自首,争取宽大处理。否则,就得离婚！

夫　我投案自首,你就不离婚啦？

妻　洗心革面,重新做人,浪子回头金不换,你还是我的老公。

夫　那就先去医院,再去派出所。

妻　不！先去派出所,再去医院！

夫　YES！YES！老婆请上。

（妻坐上自行车后架,夫载妻转入台后）

——剧终

海上救护

（答嘴鼓）

（本故事取材于真人真事）

甲　我甲汝讲一个真实的故事，即个故事发生伫马巷琼头陈下厝对面的鳄鱼屿。

乙　鳄鱼屿是一个荒凉的小海岛，狗屎埔敢会生出灵芝草，汝有啥故事嗵啰啰？讲来讲去，佮呣是朱熹朱文公用朱砂笔点鳄鱼精，鳄鱼精腐烂生虫变成生礁物，故事老甲无齿了汝佮当个宝。（生礁物，文昌鱼）

甲　汝即股人番番，讲话很武断，我要讲的古是抗战末期，擎蚵的渔民在鳄鱼屿冒着生命危险，智勇双全，救护美国盟军飞行员。（番番，不讲理）

乙　快讲快讲，今年是抗战胜利七十周年，即个故事真生尺，讲来一定呱呱叫，汝讲我记，好去教示少年：胜利果实着爱惜。（生尺，新鲜）

甲　话说 1945 年 3 月 22 日，美国海军重型轰炸机位

海上救护

菲律宾起飞展翅,对厦门禾山日军机场袭击。轰炸机扔下的炸弹声"嘶——轰隆",地上浓烟滚滚;日军高射炮声"嘭嘭嘭",天上白花一蕊一蕊,互相交织。掂味时,天上白光一闪,"嘭"地一声,一架美军轰炸机拖着一股烈火浓烟,"嘶——嘶——",摇摇晃晃,悠悠忽忽,从天上直栽下来。"轰隆"一声巨响,轰炸机爆炸了,机尾另机尾,机身另机身,机头另机头,机翼另机翼。"嘭啌",浅海升起一支巨大的水柱,海水飞溅四溢,机身甩在鳄鱼屿西面浅海名叫"沉级"。

乙　惨惨惨!美军飞行员无死也摔甲屎流尿泄,呣知个的性命有无危险?

甲　机组十三名航员,六名当场殉难,七名着伤有轻重。六名殉难航员,伫飞机上已被炸飞,遗体不全,漂浮伫海上随波逐浪,陆陆续续互琼头、内洲渔民发现,捞回由保长雇工,备棺安葬,遗体覆盖中美两国国旗各一面,纪念个支援中国人民抗战。4月7日,美军派员监工,重新发掘,尸检厚殓,转运漳州美国空军联络站,佫运回美国入土为安。

乙　美国朋友为中国抗战胜利,流血牺牲,舍生取义,中国人民永远不会忘记。

甲　就是!就是!啥人看见也是目屎滴。

乙　迄七名受伤飞行员,呣知性命有无安全?

甲　迄七名受伤飞行员，偌唔是渔民救援，也是马革裹尸生命完。擎蚵的渔民，看见从机身玻璃窗钻出几个彪形大汉红毛番，大家先是惊奇怪人从天降，后来定神仔细看，发现是美国盟军飞行员，于是挥动手臂齐声喊："快来这里，遮安全！"

乙　即下好了！美军飞行员有救了！

甲　汝欢喜得太早了！可能是飞行员惊慌失措，前怕狼，后怕虎，急急坐上自备的橡皮筏，糊里糊涂，慌不择路，挥桨击浪，避开渔船，直往厦门沦陷区飞渡，任凭渔民鼓咙呼，佫是分不清敌友我，鱼游釜中找死路，渔民心里直叫苦。

乙　我听汝讲古，也是牵肠挂肚，安尼下去实在无变步。

甲　屋破偏遇漫天雨，即时天上飞来一架日军小飞机，围着橡皮筏盘旋，俯冲，投弹，扫射，炸弹、枪弹像下雨。禾山那边一只日军快艇也远远驶来，海天两路，志在必获。美军飞行员顾不上顾船了，坐等走上黄泉路，不死也要当俘虏。（顾，划）

乙　安尼必死无疑了，遮红毛番真够糊涂。

甲　说时迟迄时快，不知是啥人喊了一声"救盟军"，渔民陈牛和伊外甥洪宗更，首先向橡皮筏告船靠拢，随后六七只舢板紧紧跟，后来围来的竟有几十只。走投无路的美军飞行员终于明白遮人是佮救军，飞行员迅速疏散到各只小船。日军小飞

海上救护

机顿时失了准,气得目花头昏,盲目扫射四界分散的小船。舢板载着飞行员,直驶鳄鱼屿东礁大石头脚,把飞行员藏在礁石下,就像人间蒸发。日军小飞机奈何不得眼巴巴,只好飞回去交差。

乙　汝唔是讲佫有一只日军小快艇吗？快艇难道是开来喝嘴乾？(嘴乾,口干)

甲　敌艇在海上乱放一阵枪也溜啦！事后谍报调查,敌艇的艄公是被日军抓去的丙洲渔民,伊用各种借口蒙骗小日本,说港路不熟,船倚搁浅成活靶,要抓俘虏反被抓,不信皇军就打死伊,飞机去打就够额,犯不上快艇冒险去把小命搭。艄公明知要伫遮开船不能没有伊,说了一大堆理由把敌诈。

乙　还好,还好！迄个丙洲渔民计智胜萧何,偌无快艇追到命着无。

甲　渔民把美军飞行员载回陈下厝,全村男女老幼,都来看红毛番朋友。飞行员看到中国老百姓赫样厚道诚实、热情好客、慈祥友爱,望着海面上佫在冒烟的飞机残骸,拢总像孩子放声哭哀哀。即哭声发自肺腑,发自内心,既有对战友牺牲的悲哀,更有对救命恩人的无限感戴。个在渔民陈君安的家里,洗了身躯,包扎了伤口,喝了甜姜茶,心情才渐渐平静下来,开始有说有笑,笑逐颜开,又是"OK",又是"哈罗"又是"深秋"(thank you,

谢谢)。

乙 "OK""哈罗""深秋",现阵的人都会晓,迄时的人呤晓。(呤晓,不懂得)

甲 汝呤晓,咱遮是侨乡,早就和番边有来往。陈下厝就有新加坡华侨陈大伯和个番婆,呵咾就说"OK",甲人见面就先说"哈罗",帮了伊就对人家讲"深秋"。(番边,南洋)

乙 对,对!"OK"就是"好"的意思;"哈罗"是甲人拍招呼,就像咱说的"嗨""喂";"深秋"是表示感谢。

甲 所以大家就叫陈大伯"OK 伯",叫个番婆"哈罗婆"。

乙 耶,快叫"OK 伯""哈罗婆"来翻译。

甲 美军飞行员拄阿吃蚵仔面,吃甲窸窸窣窣,"OK 伯""哈罗婆"也互人请来做翻译,则得知个今日早起奉命从菲律宾起飞展翅,轰击厦门日军军事目标。(悉悉窣窣,因面好吃而发出声响)

乙 日本偷拍珍珠港,今日也叫伊挨揍看香不香。

甲 当问及各位美国朋友姓名军职,答以事关军事秘密,不便吐露真实,但是请求代找当地驻军,以便转去漳州美国空军联络站当局。

乙 美国人佫真会保密,确实要注意汉奸日特。

甲 当天下午四点,驻军一零七师派员接人,全村男女老幼夹道欢送。七名飞行员拉着救命恩人的

海上救护

　　手,边走边哭,走到村口,摘下派克金笔相送,拢互渔民谢免。

乙　同安渔民真正好,礼义之邦人呵咾。

甲　伫新宅大路口,飞行员跪伫地上甲全村老百姓"拜拜"。(新宅,陈下厝邻村村名)

乙　风雨同舟友情深,依依惜别情义真。美国政府对救护美军飞行员的渔民有啥表示?

甲　为感谢同安渔民冒死抢救美军,特向二十七位渔民颁赠特制银质纪念牌各一枚。纪念牌长方形,上面有一只美军军徽雄鹰,下面是英文,佫下面才是中文。

乙　上面写啥?念来听听。

甲　一九四五年三月二十二日,本国海军航空兵,奉命自菲去远征,被敌击中出险情,荷承诸君尽力来救生,免沦敌手遭不幸,诸君爱护盟军,勇毅超群,铭篆数言表谢忱,谨纪毋忘救命之恩。落款是美国驻华海军指挥员颁赠。

乙　即二十七位渔民令人肃然起敬,汝既然讲起当年救护美军飞行员的情形,能否知详个姓名?

甲　个是陈土、陈山、陈牛、陈肚、陈是、陈梦、陈露、陈水生、陈乌番、陈本篆、陈生水、陈则钳、陈则绵、陈良舌、陈应德、陈茂林、陈君乞、陈君安、陈君留、陈君剪、陈春木、陈春晓、陈清平、陈晴春、陈烈闲、洪宗更、黄长春。

压岁钱

(小品)

(人物:爷爷,六十多岁。孙子,十二岁,小学生。儿媳,三十五岁左右。时间:除夕。地点:家)

(景:荷花村一家民居,大门两旁贴着春联"羊随新风辞旧岁,猴节正气报新春"。

大厅里一套沙发,坐着孙子)

爷爷 (从幕后出,念)爆竹声中一岁除,春风送暖入屠苏;千门万户曈曈日,总把新桃换旧符。

孙子 爷爷!

爷爷 哎。乖孙子,这是给你的压岁钱。

孙子 谢谢爷爷!

爷爷 乖孙子,你收到多少压岁钱了?

孙子 五千多块吧,和往年差不多。

爷爷 不要随便收人家给你的压岁钱,平白无故地给你压岁钱,都是有目的的。

孙子 压岁钱都是爸爸妈妈、外公外婆、舅舅舅妈、姑

压岁钱

姑阿姨给的。
爷爷 这还差不多,爷爷必须给你提个醒。还想跟你商量个事。
孙子 说吧。
爷爷 爷爷想跟你借这些钱。
孙子 干嘛?
爷爷 爷爷有急用。
儿媳 (从里屋走出来)爸,你急什么用?压岁钱给了就给了,怎么还要借回去?

(儿媳、孙子疑惑)

爷爷 的确有急用。
儿媳 (顿,突然"明白")喔,我看到你在装修老房子了,你是拿去装修老房子吧?
爷爷 没错,是拿去装修老房子了。
儿媳 干嘛呢,我们不孝顺你吗?
爷爷 怎么扯到孝顺不孝顺去呢?这有关系吗?
儿媳 难道没有关系吗?你和妈要搬出去住吗?

(爷爷正要回答,儿媳却转回里屋,拿出两件新衣服,委屈地)

儿媳 每年春节我都给你们买新衣服,今年还是这样,一件好几百块呢!

爷爷 快拿去退了,换成钱给我,我正缺钱用呢。

儿媳 爸,你怎么这么抠呢?还差这几百块吗?

孙子 爷爷老人痴呆症了!反正有医保,快看病去吧。

儿媳 去!去!大人在商量事呢,小孩子插什么嘴!

爷爷 我想把装修的工钱凑齐了,农民工的钱不好欠呢!

儿媳 我真想不明白了,我们就怕对父母照顾不周,住在一起大家好有个照应,何必搬出去呢?

爷爷 老房子久不住人了,墙面发霉掉灰,地面砖有的也破碎了,干脆铺新的。

儿媳 这要多少钱呐?

爷爷 装修的钱当然由我出,我的存款还没到期,所以要挪借一点,正在东拼西凑呢。

儿媳 爸,我们现在住的房子又新又大,还是住在一起好,热热闹闹的!

孙子 对!住在一起热闹!

爷爷 老房子闲置着……

(话被儿媳打断)

儿媳 闲置就闲置,喂蚊子去。

爷爷 我想把老房子借给……

压岁钱

(手机响)

爷爷 我先接个手机。
儿媳 (自言自语)借给谁呢？现在哪一户没有盖新房子呢？莫非……
爷爷 喂,你是谁？喔,快递,在门口？
爷爷 (对儿媳)我出去一下。

(爷爷转到幕后,返回拿个快递件)

孙子 嘿嘿,爷爷还有快递。

(孙子好奇,撕开快递件,大家围着看,孙子拿出来,是两块牌子)

孙子 清风会……荷花书院。
儿媳 怎么回事？
爷爷 这是"清风会"和"荷花书院",订制的。
儿媳 爸,我知道你当了"清风会"和"荷花书院"的主任。
爷爷 这是大家对我的信任,我当这个主任,还不是为了让村干部为民用权,公正用权,依法用权,廉洁用权,村干部清正了,村里的经济才能发

展,为了全村好。

儿媳　就凭你?

爷爷　我一个人说了不算,村干部称不称职,要让"清风会"评议、投票打分才算,是进行村民监督村"两委"的一种尝试。

儿媳　听说咱村"清风会"是全省首创的,而且是你建议的? 得到区、镇领导的表扬?

爷爷　(不好意思)呵呵……"清风会"的人是村民选出来的代表,这要靠全体村民的支持。当然,你也有一份,你也要出把力,包括孩子,我刚提醒他不要随便收人家给的压岁钱,特别是村干部送来的钱。

儿媳　是啊,这会影响到评议、打分的公开、公平、公正、公信。

爷爷　正是如此,我要你出把力,是想……

儿媳　爸,有什么事你就直说吧。

爷爷　好,我就知道你是个识大局的好儿媳。荷花村"清风会"和"荷花书院"缺房子用,我们那座老房子闲置没用,正好装修一下,借给"清风会"和"荷花书院"用。

儿媳　你咋不早说呢?

爷爷　我咋不早说呢? 你不是打断我的话头吗? 我这不就说了吗?

儿媳　我同意借出去,而且,装修老房子的工钱我也

压岁钱

出了！

孙子　我出，我出！我现在还不懂得用钱呢，正好学习一下。

爷爷　乖孙子，你那五千块钱只能做补充，是不够用的。

孙子　我可以发动"发小"啊，他们都有压岁钱啊！

儿媳　才几岁呢，就"发小"了，真逗！

孙子　太小瞧人了，我是大家的头儿呢，向他们借一点钱还不是小菜一碟吗！

儿媳　我说了，装修老房子的工钱我出了！连爷爷也不用出了。

孙子　好吧，我们"发小"就不出了，但我们要到书院听讲故事。

爷爷　欢迎，"荷花书院"要办"道德讲坛"，讲讲中华民族优秀传统文化，讲朱熹，讲苏颂，讲陈化成，讲陈嘉庚，讲彭德清……

孙子　也讲爷爷、妈妈大公无私。

儿媳　包括你和你那群"发小"。

儿媳　（揶揄）爸，新衣服还拿去换钱吗？

爷爷　不换，不换，"清风会"和"荷花书院"开张那天，我要穿着它闪亮登场呢！

孙子　好咧，好咧，现在我们就先闪亮登场吧！

（孙子把牌子分给爷爷、妈妈。爷爷拿的牌子写着"清

风会",妈妈拿的牌子写着"荷花书院",两人满面春风,面向观众,孙子掏出手机拍照)

——剧终

宋永贤作品

同安好迌迌

（答嘴鼓）

乙　人讲同安三项宝——烧的炸枣，柴的洞箫，瓷的鸡母，自古至今"都是这样说"（用普通话）。

甲　即句话唔免讲咱本地的少年家佮是老阿婆，就是居住海外的老大哥和老大嫂，人個也记得很清楚，唔免汝来推销做广告。

乙　我即个人是爱吃爱迌迌，厦门美食家学会曾经请我去讲课。同安大嶝的角屿岛，莲花的金光湖，北山的十二龙潭瀑布，古宅的十八弯古道，逐位嘛有我的骸步。汝知影我今日要去都落？

甲　汝走"吃无相叫，拍尻川无相笑"，汝规日东走西歇，我哪里猜会对？

乙　我是去海骹找阮姑婆，海垵人很厚礼数，请我吃海莘吃甲规腹肚。

甲　哦，才看汝两骹拖土拖土，煞拢狯走路，原来是嘴箍有埭湖。

乙　头道菜是明朝洪侍郎的菜谱，洪厝番薯粉粿煮大

　　嶝七耳蚵。
甲　好味素。
乙　连吃三碗,腹肚佫空苏苏。
甲　真会孝姑。(孝姑,吃)
乙　第二道,刘五店的嘉腊鱼汤一点也呜臭臊,掺当归枸杞灸甘草汤头香够补。
甲　连舌拢吞落。难怪一支面仔红佫黑,原来是势补路。
乙　珩厝的血蛤含有蛋白质和维生素。
甲　够较补。
乙　梁厝花跳、大嶝乌六仔和蟳虎。
甲　清凉解毒活血路。
乙　九溪口的虾姑,彭厝青脚蚝,欧厝生担物,金门的倒头乌。
甲　赞!遮拢是咱兜闻名的海产,有的经过制作和加工,当成礼品送亲人,唔知到底佫有哪几项?
乙　人讲"吃鱼吃肉着菜相甲",那无偏食就会软骸。
甲　对对,咱兜蔬菜果子也呜差,当今真侪人是吃巧无咧吃饱,番薯叶较赢当年的米粉炒。
乙　我是说巷东英哥藤的番薯箍。
甲　甲下溪头的咸菜脯?
乙　干荫的豆豉脯,佫有新圩田尼仔肉豆干煎酥酥。
甲　润肠去油荤。讲咱同安海产土产特产物产着讲规晡。做忌敬祖,二九暝昏元宵十五,物件定定

摆规中案桌。

乙 佫有真侪物件我讲没清楚,同安封肉莲子加香菇,埔尾的槟榔芋,郑板烧炸枣。

甲 三月节包薄饼是咱同安头号,发明者蔡复一夫人家住同安的驿路。

乙 对,也算一道。

甲 吃薄饼会嗯酸佫着吃咸金枣。

乙 抑无着啉小坪的观音茶配双鹿马蹄酥。

甲 马蹄酥煎麻油月内咧吃燥。

乙 也吃冷胃补脾土。

甲 好好好,咱两个讲吃讲甲规半晡,够来去马巷吃豆仁夫和索仔股。

乙 马巷远路途,咱来去梵天拜佛祖。

甲 哦?

乙 才去五显钓鱼吃水果。

甲 哦?

乙 然后去竹坝酒厂仓库,五十二度米酒舀一壶,米酒头浸龙眼干补筋路。

甲 佫要去都落?

乙 新圩马塘……

甲 去马塘摸田土?

乙 汝老思想真顽固,马塘享有"厦门第一村"的称号,是咱同安新农村的骄傲。

甲 呣佫吃的物件无。

乙　系列罐头叫银鹭，出门喳伫裤头，唅饿唅嘴干唅辛苦。

甲　马塘走了要去都落？

乙　大嶝游英雄三岛，战地旅游坐船看金门岛。

甲　佫有都落？

乙　汀溪水库。汀溪水库风景唅输西湖，灌溉田园十九万田。

甲　呣佫吃的物件无。

乙　水库放水草鲢一尾二十斤五两五。

甲　佫有都落？

乙　新安洲散散步，观赏夜景心情舒畅唅烦恼。

甲　吃啥？

乙　大排档免订座，边吃边啉边讲古。

甲　佫要去都落？

乙　琼头丙洲，划船免弯路。

甲　好。

乙　丙洲少儿文化园，唱曲吹箫打腰鼓，南曲进京演唱人呵咾。

甲　有啥好吃的菜谱。

乙　少欠丙洲的海荤，丙洲煎蟳逐只有膏，琼头吊蚵，蚵仔煎豆面卤，蚵油包装出口销到新加坡。

甲　佫要去都落？

乙　西柯潘涂。

甲　佫够吃海荤？

乙 高尔夫球场我加入俱乐部(比打球动作),活动活动对消化有帮助。
甲 佫要去都落?
乙 银城啤酒厂遨一遨,爱啉酒着放开肚。
甲 啤酒也无度,任啉啉飱倒。
乙 无度是无度,啉着会啤酒肚。
甲 无地氽某。
乙 抑着艰苦。

注:与王泗水先生合作。

乡贤相会

（答嘴鼓说唱）

甲　最近便睏便做梦，一暝睏甲真香。
乙　讲话太相空，努做梦，怎样睏会香？
甲　汝着看好梦也是歹梦。
乙　安尼汝是梦见娶水某"咚咚锵锵"入洞房。
甲　讲话无照起工，汝看我嘴须白去几罗柊，某已经娶来规世人。
乙　佫是梦见娶新妇，后生新妇开始孵。

（打趣）攑灯攑富富，饲大猪，起大厝！
（合）娶新妇，明年汝嗵做安舅！

甲　老小的，唔知影是唔是会怀旧，咱两人细汉斗阵去偷挽匏……
乙　（脱口而出）大汉偷牵牛——（醒悟，推甲）我看汝即个人，有睏地睏拢咧做梦，无影话唔嗵乱讲，我嘟一工甲汝做贼合空？

乡贤相会

甲　迄年元宵暝,咱俩人要买灯无够钱,偷挽两粒葫花圆圆圆,内面陷一大空若古井,一枞蜡烛切做两块平平平,无钱买灯自己变,两枞葫匏灯互咱畅甲规落暝。

乙　怎样畅?

甲　亲像昨暝,老大的佫梦见元宵暝月真圆。

乙　怎样?

甲　咱俩人去偷挽匏,只剩一粒葫匏种,做灯上发用,可惜一粒无够用,咱俩人动手相争无肚量。

乙　梦见安尼狯畅。

甲　(正色)危急之中,有人大声嚷:"有代志好商量?何必斗胜争强!"

乙　做公亲的是啥人?

甲　伊,蟒袍玉带大官相?气宇不凡好面容。

乙　到底是啥人?

甲　大名苏颂,堂堂宋朝的丞相。

乙　原来是咱同安故乡,尚出名的苏悉相。

甲、乙　(行礼)恁囝仔拜见苏丞相!

甲　(扮苏颂)免礼!已经啥时势,恁佫为一粒葫匏干来冤家。恁佫吃饱伤闲无带杞,可愿意甲我趇一趇?

乙　去都落?

甲　同安新安洲,夜景值得游。果然,双溪两岸银花火树,大桥亭榭红灯绿球,狯输天星落下泅。

乙　比元宵灯会佫一流。

甲　走。正当咱俩人跟苏大人迌迌甲畅丝丝,对面走来一个叫朱熹。朱熹看见苏大人真客气,赶紧就请红双喜……

乙　(打断)等一下,什么红双喜?

甲　烟支。

乙　朱熹迄个时,哪有什么红双喜的烟支。

甲　梦境是现阵,请大中华也无稀奇。

乙　哦。

甲　苏大人谢绝。

甲　(仿苏颂口气)老夫从来唔沾烟丝,吃烟对健康不利。

乙　(仿朱熹口气)是是是。

甲　汝也唔是朱熹,敢会插嘴插舌。

乙　我甲汝斗演戏,汝佫赡欢喜。

甲　好好好,我同意。开始——

乙　先问话的是朱熹。

乙　(扮朱熹)苏大人,我知影汝是研究科技,有医学知识识药理,著作《本草图经》几十万字。者,我有一事请教汝。

甲　(扮苏颂)啥代志?

乙　溪岸两边万灯闪,唔是点油点什么?

甲　火力水力发电机,电源送到各乡里。

乙　原来是安尼。

乡贤相会

甲　社会发展靠科技,偌是现阵才来制造水运仪,我就利用电脑机,指头一按马上出数字。

乙　看来我的头壳差汝十万八千里。我拄者去梵天寺,险险煞找无故居。梵天古刹重新起,论水论大气,敢去联合国比。

甲　汝也会知联合国,证明跟形势无落后。

乙　甲汝比我确实落后,紫阳书院没进步,冷冷清清书声无。

甲　作为文物已经缎带汝保护。

乙　汝看汝的科学楼,起在一中绿草埔,堂堂皇皇写姓苏,书声琅琅培养人才无数。

甲　即时阵……

乙　(打断)等一下,汝即个梦也够长,梦到即阵天佫未光?

甲　汝呣嗵拍断。话讲苏、朱两先生边啉青岛啤酒边讨论。

乙　啊,古人也会啉啤酒?

甲　哪像汝,遮尼仔笨,讲啤酒是臭酸汩。注意听,即时阵佫来两人落座参与讨论。

乙　啥人?

甲　一个叫林希元,一个叫陈嘉庚。四乡贤都甲教育有沾边,话题很投机。

乙　我知影伫咱同安里,林希元理学家名气赡输朱熹,陈嘉庚,兴资办学名震海内外是一面华侨红

旗。

甲　苏丞相先问林陈两先生,恁要来怎样嗨先打手机通知。

乙　啊,苏丞相有手机?

甲　四个人手内拢有手机,而且拢是咱厦门出产的厦华牌子。

乙　看来拢会晓应用高科技。

甲　是啊,嘉庚先生讲:"我位新加坡坐飞机一到厦门国际机场马上打的(普通话),高速公路平平平,来到同安一目眨。"

乙　希元先生讲:"我去以前教书的所在辚一辚,大人囡仔拢狯认,偌是认出我是迄个吃木鸡腿的秀才丁,我会很无面子。"

甲　唉,换做即阵就狯遮尼仔穷,吃鸡腿胆固醇高是次丁,什么物件是上等? 咧饲鸡鸭的土鬼仔最流行,而且换了一名字,叫什么"海瓜子",佫真好听。

乙　是啊是啊,即流摆是咧吃巧无咧吃饱。

甲　哟,顾乱拉,无注意啉酒的加一脚。

乙　啉酒的佫加一人? 啥人?

甲　老洪。

乙　都一个老洪?

甲　洪朝选洪侍郎,家住新启洪厝村。

乙　已来的四乡贤问:"洪侍郎何时从京返,返同安省

乡贤相会

亲探家门？"

甲　（扮洪朝选）我已返来三日加朗。

乙　三日拢去都落串门？

甲　第一日返洪厝村，左邻右舍连请番薯粉粿三顿。第二日去汀溪五峰观风光，嘉腊鱼给汝吃甲唔。

乙　五峰无海无鱼塘，哪有嘉腊鱼互汝做顿？

甲　海边通山顶的公路平佫长，免讲嘉腊鱿鱼小卷，就是活虾活蟳也能送上门。

乙　即阵人真风光，汝也跟沾光。第二日去都一村？

甲　第三日去马塘，号称厦门第一村，农民住别墅，眠弹簧床，洗浴缸，规村水甲若花园。

乙　马塘乡亲拿什么招待咱侍郎？

甲　银鹭罐头名声远，生产基地就仁马塘。

乙　银鹭八宝粥佫掺糖，拄好来做天光顿。

甲　嘀嘀嘀……

乙　什么咧叽？

甲　苏丞相的手机。

乙　哦。

甲　（听手机状）喂汝好！原来是汝。

甲　（对乙）是咱民族英雄陈化成老弟。

甲　（继续听电话）陈老弟，汝有听着阮即地热闹市市？有林希元和朱熹，佫有洪朝选、陈嘉庚，仁同安双溪边，欣赏咱兜新景致。

乙　怎样无念着咱两个的名字。

甲 （继续讲电话）陈将军，汝现阵伫远佮是近？什么？伫同安工业区咧云，工业区热闹滚滚，村村拢建金包银。对，偌无改革开放二十年，社会就会走倒脚仑囵。

乙 讲着真够准。

甲 五位乡贤马上开一只"尼桑"（普通话），约好陈化成将军"不见不散"（普通话）。

乙 咱赴紧跟侗来去看一看（普通话）。

甲 汝免梦！四两篓仔除看汝是啥人？想要傍同安的历史名人。

乙 啥人咧梦？汝则咧做梦。

甲 梦是梦，甲现实真相同。好啦，饲牛甲耙柴的不同，咱也紧来去上班。（寻找）

乙 汝咧找黄金佮是咧出神？

甲 我咧找无咱迄枞葫匏灯。

乙 我看汝是佮咧含眠！（推甲）

比名牌

(答嘴鼓说唱)

唱　新圩嫂仔今日上台,
　　歌唱表演来比赛,
　　汝猜我猜伊猜逐个猜,
　　咱厝什么物件是名牌。

唱　比着比,猜着猜,
　　比穿比用比东比西,
　　比住比吃比山比海,
　　要比什么着比什么来!

说　呣免比呣免猜,咱厝名牌,我逐项知。

说　嘴尖舌利!今日是比名牌,不是风龟比赛。

说　新圩嫂仔,我看恁真啰嗦,今日是要来唱歌佮是要来讲古,恁呀输咧答嘴鼓。

说　当面锣,对面鼓,答嘴鼓着答嘴鼓,汝比炊甜粿我来比烧炸枣!

说　我知影汝即个贪吃嫂,最爱吃炸枣。

说　我有一个条件,比输的人着请,而且要请最有名

最好吃的物件。

说 汝即个贪吃嫂仔倒是共我提示,咱今日比名牌先位吃的开始,其他代志,有闲则佫来比。

唱 有道理,好主意,
厦门名牌业业是,
偌要项项来排比,
着比甲明年春天时。

说 讲着水,爱水唔惊流鼻水,十二月天穿裙冻骹腿;讲着吃,忌嘴唔惊肥,偌吃甲亲像杨贵妃,管伊三围无三围。

说 我看汝即支嘴,讲话糊累累,时间真宝贵,要吹拿名牌出吹。

说 我先开拍我先来,阮厝住在十八弯脚叫古宅的所在,有山有水有树一排佫一排,大粒蒜头是阮出产的名牌。

说 阮马塘村厦门尚出名,环境美丽,农民住别墅的厝宅,银鹭产品中国驰名商标有注册,罐头一车一车销往国际,近的到越南柬埔寨,远的到法国巴黎。

说 我讲一项互恁愁,东寮豆干要吃要买着数连,吃着面皮光影影,愈来愈少年。

说 愈吃愈少年,偌吃狯老煞变神仙。

说 换我发言!咱唔通老鼠仔只有目前光出现,我要来讲较远一点,马巷新店,佫有翔安规片。

比名牌

唱 开宴会,请人客,
　　翔安封肉出大礼,
　　吃饭若有封肉配,
　　逐日拢是做尾牙。

说 等恁后生娶新妇,会记咧出封肉请母舅。

说 我已经等真久,我来甲恁比一项答一句。

唱 文昌鱼,欧厝独一无二,
　　十分稀罕的海味,
　　一出海顶,呣免上市,
　　较晚去买剩无一厘。

唱 七耳蚵,出产大嶝海面,
　　煎蚵仔煎,炸蚵仔炸,煮蚵仔仁,
　　佫有鱼虾蟳,
　　有吃有啉啉。

说 啉什么?

说 臭臊吃侪有火气,啉内厝锄山种的菊花茶即一味,真行气。

说 佫有如意牛蒡茶,啉着皮肤白,出口日本真好势。

说 偌要吃果子,阮兜门口龙眼䈴倒枝,逐粒真够甜。

说 即阵时间佫早,我比几项一定赡差。人讲吃鱼吃肉着菜甲,互恁推荐几项来甲肉,新店尚出名的红力达,马巷的菜花菜头菜瓜菜豆做菜脚。

说 佫有一种菜,你讲呣对伊生仃海,名叫紫菜,补碘补钙。

唱　讲吃讲啉讲鱼讲肉讲草菜,
　　牵山盘岭通溪通海,
　　一项一项拢精彩,
　　一项一项是名牌。

说　贪吃查某讲吃讲赡了,讲甲腹肚饿,俉有嗵报销,咱来去吃番薯粉做的粿条。

说　洪厝番薯粉粿真够兴,伊是明代洪侍郎第一发明,大碗大碗香冲冲,唔嗵吃伤饱吃伤紧,胖风饱胀煞着吃咸金枣配仙楂片。

说　串讲无讲好听! 我来讲翔安小吃互恁听。

唱　翔安小吃四界真时行,
　　五香鸡卷肉粽烧卖芋包炸春饼,
　　麦块兜面碗仔粿豆仁夫有名声,
　　比上海北京,一点拢赡输成。

说　位新圩讲到内厝新店大嶝马巷,位土产特产讲到小吃大街通小巷,讲来讲去离赡开咱厝离赡开翔安。

说　是啊,厦门全市除咱翔安,俉有同安集美海沧湖里思明通鹭江。

说　只是,全厦门市,好吃有牌子,俉要逐项拿来比,着比甲明年正月初二。

说　阮今日为了相比答甲真紧张,是唔是今日即场,只比翔安只唱咱即乡。

说　主意赡歹,咱下一摆,要比名牌要答好吃的者俉

比名牌

来!

唱 新圩嫂仔今日上台,
答嘴鼓答来答去真精彩。
咱厝物件拢是名牌,
汝爱我爱伊爱逐个爱!

唱厦门

（大广弦说唱）

对面是，台湾金门，
讲同腔，唱同声，吃同时顿，
出名茶配是贡糖。
门口是，大海闪金光，
轮船行到西方。
鼓浪屿是国际村，
洋楼水水，巷仔长长，
名景叫菽庄。
环岛路，海环路，独一无二的风光，
马拉松比赛走真远。
翔安海底隧道，中国第一真够长。
高速列车，起站梧村，
经过集美学村，同安乡村。
白鹭唔甘飞，留厦门。
西面是，芗城漳州，东偎泉州看梨园，
高甲芗剧布袋戏，搬到天未光，

唱厦门

南音好听出国门。

厦门,厦门,
传统城市,现代村庄。
三角梅,开甲规大矸,
凤凰树,景致装,
四季如春,海顶花园,
厦门风光,要唱着唱很长!

新妇见公婆

（月琴弹唱）

（演唱者弹奏月琴，乐队伴奏）

引　新年新春正月正，
　　一对青年走亲戚，
　　新妇贤会得人疼——
唱　佳话传遍同安城。
表　讲的是附近乡里，有一个农民叫阿义，伊的后生名阿志，工作在城里，今年岁声二十四，找一个对象叫阿美，仵税务局办代志。
唱　大年初一过新年，
　　阿志阿美相随走，
　　新媳妇，见公婆，
　　头一摆，认亲戚。
表　阿义甲伊的厝内，看阿志随一个查某婴返来，欢喜甲唔知要怎样讲，阿美一入门就阿爸阿母叫甲亲得得。（厝内，妻子）

新妇见公婆

唱 阿美伊——
　　嘴花好,礼数知,
　　举止文雅惹人爱,
　　一对丹凤眼,蚕仔眉,
　　苗苗条条好身材,
　　戴圆帽,穿制服,
　　税务干部当今是名牌。

表 两个老人无闲市市,
　　赶紧煮鸡蛋互伊吃点心,
　　顺续杀鸡鸭焅八珍。

唱 鸡蛋甜汤是热烘烘,
　　一碗两粒成对成双,
　　鸡蛋是选迄号双粒仁,
　　掺落冰糖甜佮香。

表 阿美吃了鸡蛋汤,就甲阿志参观厝它设备。

唱 大九格两落分前后,
　　石墙红砖角脚楼,
　　现代设备呣输城镇,
　　佫有自来水哗哗流。
　　公公伫伊的厝前落,
　　开了一间小卖部,
　　卖烟酒,卖水果,
　　小百日用杂罗罗。

表 阿美一边参观,一边想心事。

唱　我身为税务干部,
　　　自己的职责要记牢,
　　　小卖部,无牌照,
　　　手续无全税无报。
　　　即款经营无妥当,
　　　我是未过门的新妇,
　　　要怎样啊引导未来的大官大家?
　　　有了——

阿美　阿爸,请问小卖部何时开办?

公公　至今已经三年时间。

阿美　货物齐全资金不少?

插白　几万元是着的,俗语说——

接唱　钱咬钱则是生意人。

插白　生意一定赡坏?

插白　生意?当然好啊。

唱　咱兜离城三十里,
　　　上街一回等直时,
　　　油盐酱醋烟茶酒,
　　　针线肥皂洗发精,
　　　日日着用比比是,
　　　哪能日日入城去买物。

插白　即间小店算是开着时啦!

接唱　方便群众大家满意,
　　　生意兴旺我多赚钱。

新妇见公婆

表　阿美听了公公即番话,顺续夸赞伊——
唱　只知影阿爸汝种田好手艺,牛犁耙种收功夫逐项会。看不出阿爸汝佫会做个体,做买卖能力算是即个。

(竖拇指)

表　即个时刻,阿志听见阿美夸赞自己的老爸,伊也唔认输。
阿志唱　即几年全靠阮阿爸,
　　　　农商经营双港下,
　　　　家庭经济大变化。
　　　　劳动致富发了家。
表　阿义听着后生媳妇夸赞伊,欢喜甲嘴裂裂……
公公唱　阿美啊——靠党的好政策,唔是我阿义得力。
插白　是唔是?哈哈哈……
唱　阿美呀!汝看得起阮阿志老人心内比蜜甜,
　　明日汝就去登记,
　　结婚则找好日甲好时。
　　阿美,即是一万元,五千元要互汝买金链仔,佫有另一半是要互汝买几套好料好料的衫裤,偌不够用主汝佫讲。
表　阿美一时计上心,趁公公欢喜,就收下钱。

阿美唱 阿爸,金链仔我自己有一条,二十四 K 足金正料,佫买一条无必要。衫裤也是无缺欠,归橱时装上好料,千万唔嗵多开销。

阿美 阿爸,我建议将即钱拿去税务所补交咱小卖部即三年的税款,唔知汝的意思……

表 公公没有思想准备,一时说不出半字。婆婆伊十分疼阿美就现替阿义说起。

婆婆 同意,同意,汝爸仔同意!

表 阿志也相争赞成。

阿志 阿美,我也同意!

公公给婆婆捅一边腹肚边,现煞清醒。学大家说——

公公 同意,同意,我比個恰同意。

表 一刻仔间,全家皆大欢喜,阿美笑甲软绵绵。

阿美唱 感谢公婆相支持,
　　　　心愿实现心头甜。

众唱 阿美人美心也美,
　　　流情溢思尽淋漓。

(音乐收尾。结束)

家乡情

家乡情

（南音）

丙洲村出陈化成，
为国捐躯真光荣，
英雄壮举人人尊敬，
伊有爱国心，也有家乡情！
水师提督陈化成，
卫戍海疆不忘乡情，
大风寄托伊的怀念，
海涛唱出伊的思亲：

（伴唱）

丙洲村，我的丙洲村！
丙洲村，我的丙洲村！
乡里前有妈祖宫，
乡里后有大枞榕。
红砖仔厝翘厝脊，

生我养我的家乡亲像伫眼前。
想小汉,学南音,
唱大曲,行大船,烧酒大嘴啉。
门口埕,做游戏,
学关公,英勇忠心。
去台湾,练武艺,学兵经,
为的是,保家卫国忠朝廷……

民族英雄陈化成,
对国忠心,对家思亲,
卫国一生,为官一任,
拢不忘记祖公恩,家乡情。

(伴唱)

丙洲村,我的丙洲村!
丙洲村,我的丙洲村!

唱咱兜叫汀溪

(车鼓词)

(表演者:车鼓公、车鼓婆、伴童若干人)

公　行啰!
婆　行啰!

(音乐声中,公婆两人表演车鼓弄)
(伴童上,伴舞)

公　(对婆)汝呀汝,红花插一蕊,
　　胭脂厚厚抹到嘴,
　　装甲装甲赫尼水……
童　(合)狯输狯输是贵妃!
婆　(对公)汝呀汝,无装亲像李逵,
　　戏服一穿变水气,
　　世上人人拢爱水……
童　(合)爱水唔惊流鼻水!

公 闲话呣通讲伤多,
　　今日要唱都一回?
婆 今日逐个拢来齐,
　　就唱咱兜叫汀溪。
童甲 咱兜汀溪啥话题?
公 特色小镇国家批。
童乙 特色特色啥特色?
公 叫我慢慢答问题。
婆 我先来!我先答!
　　(板)咱兜叫汀溪,
　　　　有山佮有溪,
　　　　大溪甲小溪,
　　　　有水就有溪。
公 汝拄会晓溪溪溪!换我说话——
　　汀溪水库水很清,
　　亲像大镜明明明,
　　日头一照看见见……
童丙 看见什么?
公 看见大鱼泅水面。
婆 哇!佮会闪诗。听我唱起——
　　汀溪的水真够甜,
　　汀溪的山真够青,
　　汀溪的菜真好吃,
　　汀溪的芋头……真够圆。

童丁　褒美进士芋,吃了考进士。煮咸粥,好吃!
童戊　讲着好吃腹肚饿,仓稠我来唱一条。(仓稠,忍住)
童甲　汝!腹肚饿去边块跳,我来替汝表——
　　　汀溪珠光瓷,历史长,
　　　海上丝绸路,出国门。
童乙　小所在出好物件,
　　　名声传真远。
　　　童(合,板)五峰出嘉腊,
　　　互汝吃甲饱,
　　　传说真够早,
　　　看汝来得巧无巧!
童丙　宋江阵,在造水村,
　　　真功夫,威震四方。
童丁　民俗文化,中华传统,
　　　传承至今愈风光。
童戊　逐项给恁讲了了,我要出哪一招?对了——
公　　(抢)汀溪三角梅,名叫同安红,
　　　　别色不开专开红。
婆　　逐蕊开甲真够旺,
　　　从春开到冬。
童戊　恁!我拄要唱,佫者互恁抢做头。
公　　哈哈哈!(戏腔)公子!互汝来了!请——
童戊　美丽乡村名声香,

山清水秀树大枞。

公、婆 （合）健康旅游原生态，

前格花海其中一项。

佫有茶马古道,证明前格村也有古丝绸之路。

童戊 汀溪佫有很多泉，

伊是山岩流出的涎。

童甲 咦哟！涎？

童戊 免惊！即种涎叫温泉,真清气,真卫生。

公、婆 （合）泡了温泉会出汗，

一爽睡到大声鼾。

公 来啰！继续弄——

三步前,三步后，

汝做前,我做后。

婆 车鼓弄,弄车鼓，

边跳边唱唱咱兜。

童甲 唱咱兜山前水后，

童乙 唱咱兜好花好草。

童丙 唱咱兜新的面貌，

童丁 唱咱兜逐项真勢。

童甲 还要唱咱的校园，

四季如春像花园。

童乙 老师有学问，

学生水当当。

童 （纷纷）有水无？有水无？有水无……

唱咱兜叫汀溪

婆 水水水！逐个水！
公 景水人水唱歌也很水！来啰！大家唱——
众 汀溪汀溪好地理，
　　特色小镇好代志，
　　乡村振兴好时机，
　　全面小康真欢喜！

（造型）

林华东作品

不怕"莫兰蒂"，我们"人人在"

（相声）

乙　（好奇看着乙）干嘛眼眶红红的？莫非你又被老婆罚跪搓衣板？

甲　（生气状）别胡说！我是看到我们群众自发地热情欢送抗风救灾的解放军，那场面令人感动，激动，我忍不住……

乙　哦，难怪。这次"莫兰蒂"台风正面袭击厦门，是建国以来厦门遭遇到的最强的台风。在这次抗击台风中，感人场面比比皆是啊。

甲　"莫兰蒂"给厦门造成的损失难以估计。但在这次灾难中，厦门交了一份让人非常满意的答卷。面对"莫兰蒂"，我们克服了麻痹思想，做了充分的思想行动准备，抗风救灾秩序井然，人人在岗！人人在位！人人在职！我们"人人在"！万众一心，众志成城！

乙　厦门人不怨天，不尤人，齐心协力，共担风雨，重建家园。

甲　市领导来了,党员干部来了,居民自发来了!

乙　武警官兵来了,人民的子弟兵解放军来了!军民一家亲,我们"人人在"!在自救,在重建。

甲乙　(合)小城大爱,满城尽是志愿者。

甲　单是思明区,投入了五千人次党员干部参与灾后重建工作,志愿者十万人次,清理垃圾一万多吨,完成七十二条道路,四个下穿道路,一百二十八个窨井积水清理。

乙　湖里区采取干部职工分片包干的形式,投入抢险救灾第一线。

甲　集美区组建九十七支党员抢险队,开展道路清障、清洁家园、卫生防疫等工作。

乙　海沧区组建一百三十二支党员干部救灾抢险突击队。

甲　同安区组织各类义工志愿者五万八千人次,全力投入抢险重建工作,并在九月二十日成立"九二〇·就爱你·同安"志愿服务联盟,开展"洁净家园"活动。

乙　翔安区党员干部深入挂钩联系村居,开展灾后重建,走访慰问受灾群众。

甲　给我印象最深刻的,是厦门人民创造了两个新名词。

乙　哪两个?

甲　一个是"厦门速度"。

不怕"莫兰蒂",我们"人人在"

乙　喔,具体说道说道吧。

甲　"莫兰蒂"一夜之间让厦门一片狼藉。市政设施严重受损,但厦门人民从市领导到普通市民坚守岗位,斗志昂扬,不分昼夜开展自救重建。数日后这座城市就已日渐复原,恢复了元气。"厦门速度"名声鹊起,令所有人震惊!

乙　我明白了,灾后自救重建速度特别快。好样的,厦门!

甲　难怪央视这样评论厦门——

乙　央视怎么说的?

甲　中秋这一天,厦门人感受到一种特殊的团圆,一种精神的团圆。在灾难面前,厦门上下团结一心,守望相助,众志成城。每一位居住者爱的奉献,爱的涌动,也使这座城市充满爱,充满温暖。

乙　说得多好!是啊,有位网友这样说,厦门文明经得起十七级台风的检验!厦门是我看到的唯一有群众自发参与救灾行动的城市,厦门不愧是全国文明城市!

甲　面对"莫兰蒂"的肆虐,厦门人毫不畏惧,严阵以待,我们"人人在"!

乙　那还有一个词是什么呢?

甲　这就是"红马甲"。张艺谋先生导演了一部收视率很高的电影叫《满城尽戴黄金甲》,而我们厦门人民导演了一部《满城尽披红马甲》,收视率有过

之而无不及啊！张艺谋导演的是商业片，而我们厦门导演的则是地地道道的公益片！

乙　呵，挺新鲜的，非常棒！

甲　可不是吗？"红马甲"是厦门市诚毅志愿者联盟的重要标志。在这次灾后重建中，超过五万人次身穿"红马甲"的志愿者，走上街头，走进千家万户，参与路面清障、扶绿护木和心理辅导工作。"十人扶起一棵树，一天净空一条街"，这是厦门"红马甲"对这座城市的承诺。

乙　令人钦佩，好感动！

甲　而最让我感动的是，我们当代最可爱的人，我们的解放军同志，他们不愧是人民的子弟兵。

乙　嗯，每次抢险救灾都离不开解放军。

甲　这次灾后重建，解放军以及武警官兵依然是最耀眼的群体，最耀眼的明星。他们一马当先，不惧艰难，奋不顾身。他们清理疏通道路，搬运垃圾，拖运树枝，扶正树木。处处都有穿绿军装的身影，处处都有子弟兵矫健的英姿，处处都有绿色的军车，军车上还贴着最暖心的标语"厦门人民请放心"。

乙　没错，看到解放军，我们就有了靠山，就有了莫大的安全感。

甲　灾后重建后，在群众踊跃欢送亲人解放军的队伍中，其中一幅标语让我感到无比亲切，刻骨铭心。

不怕"莫兰蒂",我们"人人在"

乙　怎么写的?

甲　你们来过一阵子,我们感恩一辈子。

乙　多么温馨得体的一句话啊!军民一家亲,军民鱼水情啊!

甲　我相信,有了这穿绿军装的亲人,被台风吹倒的树能不绿得更快吗?厦门的大地,厦门的春天能不更加绿意盎然吗?

乙　说得精彩!解放军扶起的不仅仅是树,更是希望,是正能量,是军民永不褪色的情谊!

甲　(激动)看了这个场面,我深受感动,心情久久无法平静。我寻思着,以后不管谁遇到困难,在哪里遇到困难,我都要以穿绿军装的解放军为榜样,处处做好事。

乙　好,你准备怎么做?

甲　(激动,语速渐快)心动不如行动。当天晚上,我一回去就进行全家总动员:从明天开始,我们全家都穿军装!

乙　哦?人家解放军一身绿军装,那是军人的象征,军人的荣耀,是军人特殊的使命使然。你不是军人,这样装扮合适吗?

甲　(语速渐快)我不管,我特别崇拜解放军。只要看到穿绿军装的解放军,就让人看到希望,看到生机。我们就有无穷的力量和信心。

乙　(深情、激动)我完全赞同,只要解放军在,我们的

希望都在;解放军在,我们就一定在!

甲　我们军民"人人在",何惧"莫兰蒂"？我相信,只要军民一条心,任何前进中的"台风",我们都将战无不胜!

乙　对!

甲　所以,不怕"莫兰蒂".

甲乙　(合)我们"人人在"!

注:最后边的两处"人人在"是闽南话的读法。

"法"力无边

(相声)

(甲乙同时上,甲看到乙的头上写着"法"字,身上也贴着"法"字)

甲　呵,瞧你这身打扮,是坑蒙拐骗变法术骗人,还是乩童做法事呢?

乙　(生气状)切,别再损人了,(自豪)士别三日,当刮目相看。如今我可是法律通。

甲　你就吹吧,忽悠。咱村有谁不知道你是霸王条款——无法无天。

乙　那是以前的事。我现在做生意,事事以法律为准绳,处处以法律为武器,大事小事有法律做靠山。这不,我的名字也改了。

甲　怎么改的?

乙　改叫"法宝"。你瞧我的打扮,头上贴的是"法"字,身上贴的也是"法"字,都是为了时刻提醒我自己,要有法律意识,心中有法,法力无边呀。

甲　哼,太阳从西边升起了。

乙　可不是呢,想当初,我做什么事都不计较后果,法盲一个,意气用事。

甲　真长见识了,兄弟我替你高兴啊。还记得十年前,你多生了一个男孩,那是啥滋味?

乙　甭提了,往事不堪回首,当时我违反计划生育政策,多生了一个孩子。结果呢,我东藏西躲,成了超生游击队,最后被罚,倾家荡产啊。

甲　深有体会,切肤之痛。

乙　经过几年打拼,我的经济有所好转。看着人家纷纷建房子,我眼红了,也选了个地方盖了一幢三层楼的小别墅。可没等我住上去,我就痛苦无泪地对心爱的别墅说:"别墅,别了。"

甲　啊?怎么了?

乙　(极伤感状)有人举报,我建的房子用的是耕地,更没有手续,政府把房子强制拆除了。

甲　喔,这也难怪,你建房手续不齐全,而且使用的是耕地,违反《土地管理条例》,该拆!

乙　可怜我所有的积蓄,包括向朋友借来的几十万元,付之东流。

甲　你真糊涂,十足的法盲,耕地能让你建别墅吗?

乙　我是家徒四壁,钱花光了,日子怎么过啊?

甲　再努力地挣呗。

乙　(突然悟到)咦,对了,张三不是还欠我一万四吗?

"法"力无边

  王五不也欠我八千元吗？为了生活,我不顾朋友的面子,向他们要去!

甲 好了,柳暗花明又一村。他们还了吗？

乙 我先找张三。

乙 (学)张兄啊,我……我现在急用,欠我的一万四还给我吧。

乙 (学张三)我不是还给你了!

甲 呵,还有这种人？

乙 没有啊,你没还。

乙 (学张三)我早还你了,你看看,还有字据吗？

乙 我无言以对,顿觉晴天霹雳,完了。对朋友我是绝对的相信,还立什么字据呢？

甲 这就是你的疏忽,俗话说,亲兄弟明算账。那王五还你吗？

乙 我再找王五。

乙 (学)王兄,前年我借你的八千元,我现在周转不开……你……

甲 他怎么说？

乙 (学王五)啊？你说什么？到底是你欠我八千还是我欠你八千呢？有字据吗？你别冤枉好人啊。

乙 你说我冤不冤？

甲 哑巴吃黄连,有苦无诉处,告他们!

乙 怎么告啊。法院凭的是证据。我以为朋友兄弟之间讲的是信用,没写字据我是吃一堑长一智,

我悟出一个道理——做事如果没有法律意识,到头来吃亏的是自己。

甲　终于想明白了吧,不懂法,不守法,最终受到法律的惩罚。

乙　我越想越明白,也越想越郁闷,我怎么那么糊涂?喝酒,借酒消愁!

甲　你还敢喝酒?

乙　那一天,我酩酊大醉开车回家。在路上,恰巧交警在值勤,警察把我拦下,测我的酒精度,我的妈啊,超标五倍!我触犯了交通管理法,罚款两千,吊销驾照。

甲　活该,酒后开车,让法再次惩罚你!

乙　我无奈地仰天长啸:法啊法,我全栽在你身上,你惩罚我吧,法啊,你真是"罚"啊!

甲　呵,别怨天尤人,这些都是你咎由自取的。你想想,要是人人不守法,没有法律约束,你抢我也抢,你打我也打,你违规我也违规,这世道岂不乱了套?和谐社会还有望吗?俗话说,无以规矩,不成方圆啊。

乙　从此我发誓,我不仅要好好学法,懂法,而且要拿起法律武器保护自己的正当权利,我开始学法。先粗线条地学。我学《宪法》,学《劳动法》,学民法,学道路交通法规,学医药法规,学《环保法》,(逐渐快)《房地产法》《知识产权法》《文物保

"法"力无边

法》《个人所得税法》《经济法》《反腐倡廉法》《人体器官移植条例》,包括新出台的《物权法》《生产安全事故报告和调查处理条例》,等等等。

甲　学的可真多!

乙　我再往细的研究,举例来说吧,我研究民法——

甲　民法有哪些内容呢?

乙　那可多了。它就包括《继承法》《婚姻法》《收养法》《预防未成年人犯罪法》《未成年人保护法》《残疾人保障法》《残疾人就业条例》《老年人权益保障法》《母婴保健法》《妇女儿童权益保护法》《民间纠纷处理办法》,等等等。

甲　研究得还真细。

乙　这还不够,只要日常生活和"法"字沾边的我都留意。

甲　怎样的留意法?

乙　每天早晨一起床,我睁开法眼,穿上法衣,我说法语,学法学,想法子做法事,劫法场。

甲　(惊讶)啊?

乙　说漏嘴了,没"劫法场"。

甲　吓我一跳。

乙　我还特意搬到法院旁边住下,每天到法庭里旁听法官如何用法、断法,目的就是要在实践中懂得守法、用法。

甲　用心良苦。

乙　不但我学,我还带我儿子一起学,先让儿子学习有关"法"字的词、句,什么"法律、法规、法力、法理、法纪、法度、法典",什么"法网恢恢,疏而不漏",什么"法律面前人人平等""王子犯法与庶民同罪",什么"法令行则国治,法令弛则国乱""法存则军安,法亡则军危""理治君子,法治小人",等等等。

甲　有没有效果?

乙　效果那可大了,真没想到,不出半年,我名声大噪,村民再也不叫我法盲而是直接叫我"法王",还有人干脆叫我"法师"呢(得意状)。

甲　还真有出息。

乙　从此我家可热闹了,村民要是遇到有关法律的事都来咨询我,我是来者不拒,当仁不让。

甲　你具体做些什么事呢?

乙　比如吧,隔壁阿三跟妻子离婚不成,又要和一女子结婚,那就涉嫌重婚罪,我告诉他这种事不能做。李大叔开个食杂店,偶尔经营一些三无产品,告诉他那是违法的,要不得。林大伯的饮食店有河豚,告诉他,河豚有剧毒,不能出售,等等。

甲　(钦佩)你真不简单,功德无量啊。

乙　我还告诉村民,朋友之间借钱要写字据,村干部有腐败现象可以通过法律渠道检举揭发。

甲　对,通过法律手段保护村民正当利益,惩治腐败。

"法"力无边

乙　我帮村民写合同,打官司,谁的正当权利受到侵犯,我帮谁一起讨公道。不少村民、朋友知道我法律懂得多,争着要我入他们的股,(扬扬得意)我是名利双收啊,只要是在法律许可的情况下,该赚的我都赚。

甲　哈,懂法也发财了。

乙　你看看,我现在用的大多是法郎,出门坐的是法拉利跑车!

甲　呵,这也带"法"字,这跟"法"有关吗?真是情有独钟。

乙　人常说,君子爱财,取之有道,而我是君子爱财,取之以法。人们常说依法治国,而我是依法治家,依法生财啊。

甲　可以理解,你确实是靠法发家的。

乙　我对法又有更深一层的理解。它不仅具有制约、惩罚的功能,更有保护使人发财的作用,我把"法"的作用形象地归纳为两个——

甲　哪两字?

乙　罚——发——

甲　好啊,高度概括,又是谐音,"罚"是指它的制约、惩罚功能,"发"是指依照法律手段来发财。

乙　(激动神情状)我深刻体会到,法力无边如滔滔大海——

甲　明白就好。

乙 我突然做出一个重大的决策。

甲 什么决策？

乙 冲着法有这么大的力量，我决定把我儿子的名字也改了。

甲 怎么改？

乙 改为"法海"！

甲 （惊讶）啊？

人民群众的最大利益才是"霸王条款"

（相声）

甲 （惊讶地看着乙）哟，老林，您瘦多了，该不是瘦肉精吃多吧？

乙 （生气状）甭提了，我烦死累死气死了！

甲 那是为什么啊？

乙 这两年，忙着帮孩子买房子租房子，为张罗孩子的婚事而操劳啊。

甲 那是应该的，有什么好埋怨的？

乙 我知道是应该的，我是在这过程中被霸王条款整得焦头烂额，花了钱又受窝囊气！

甲 哦，霸王条款？我不大明白，能否稍微解释一下？

乙 （不屑地看甲）这也不懂，所谓"霸王条款"，就是一些经营者单方面制定的逃避法定义务、减免自身责任的不平等格式合同、告示或者行业惯例，这些条款限制消费者权利，严重侵害群众利益。

简单地说,就是强加在消费者身上的不平等条款。

甲　(若有所悟)啊,原来是这样。那这些不平等条款肯定是损害了消费者的利益。

乙　(气愤状)可不是吗?我为什么这么憔悴?被霸王条款害的。切肤之痛!痛心疾首啊!

甲　你慢慢说,究竟是怎么一回事?

乙　就说去年我儿子要买房子结婚,签合同,交了首付款订了一套房子,可等了大半年,开发商迟迟不能按期交房。我急了,找他们理论,他们说:急什么,如果延期交房,开发商会赔给你百分之零点五的违约金的。我想,算了,谁家没有个难处,再等等。可后来,我们觉得这家开发商各方面都有问题,想换个楼市。

甲　那可是要违约啊,

乙　我想,反正百分之零点五的违约金就付了吧。没想到,我要拿回首付款时却被告知:退房或者不按时缴房款要支付违约金百分之五。

甲　怎么会这样啊?我们违约要交百分之五的违约金,而开发商违约却只要交百分之零点五的违约金,相差十倍!不公平!

乙　知道了吧,这就是霸王条款!不平等条款!

甲　这也太气人了。

乙　我告诉儿子,看来买房子结婚要等很长时间,就

人民群众的最大利益才是"霸王条款"

先租房子结婚吧。于是,我们去看了一套房子,里面的设备家具都还齐全,都能用。我们觉得没问题就交了押金签了合同。可住了三天,热水器坏了。找房东换了一个,房东说,这是你弄坏的,照价赔偿。

甲　岂有此理！要是热水器本来就要坏了啊？这不是坑人吗？

乙　房东拿出合同:"房屋内家具设备完好,如有损坏,押金不还,照价赔偿。"

甲　欺人太甚！

乙　这就是霸王条款,单方面制定的减免自身责任的不平等合同,任意加重消费者的责任。

甲　真是花了钱又遭罪受。

乙　我儿子结婚那天,去照个婚纱照做个纪念。

甲　那是应该的,一辈子就一次嘛。

乙　说好的照一组婚纱照三千元。交钱时被告知要交三千八百元。

甲　为什么？

乙　三千元只是照婚纱照的钱,化妆费另收三百元,还有,你用的是进口的化妆品,贵,五百元！

甲　是可忍孰不可忍,告他去！

乙　告？你有时间有精力吗？告或者投诉的成本太高了,算了,哑巴吃黄连,自认倒霉。况且一辈子也只照一次婚纱照罢了。

甲　关键是不合理啊,任意扩大经营者权限。

乙　这就是霸王条款。类似的霸王条款无处不在,无孔不入。

甲　还有哪些呢?

乙　过了不久,我儿媳妇去医院生孩子。

甲　这好事情啊,恭喜你啊。

乙　我孩子是生了儿子,可同时我也生了一肚子气。去医院之前我问医生需要准备什么,医生说了,只需带钱就够了。

甲　服务质量不错嘛,便民啊。

乙　我也觉得是好事。后来我才知道,我老伴怕医院准备不周到,带了一些孩子的必需品,但医院不允许家属自带物品。孩子需要的东西,包括包被、和尚服、纸尿裤、洗手盆、浴巾等日用品,医院全部高价卖给你!结账的时候花了两千元!而这些东西在超市只要五百元!

甲　这分明是强买强卖,坑了消费者的钱。

乙　我儿子要买一台大彩电,商家在旁边张贴着"买一送一",我以为,商家送的"一"起码应该也是小的电视吧,我跟老伴刚好缺一台小电视,凑合着看。

甲　那是,我们做长辈的不计较,能看就行。

乙　没想到商家送的"一"是一个价值三十元的烧水壶!

人民群众的最大利益才是"霸王条款"

甲　这叫"买一送一"啊？你找商家理论啊。

乙　有用吗？你跟商家理论，他说"最终解释权归商家所有"！这就是霸王条款。

甲　难道没有说理的地方吗？

乙　后来我发现，类似这样的情况还很多，比如你去娱乐场所，工作人员提醒你"谢绝自带食品饮料"，而里面的东西贵得惊人——这是霸王条款。你去一些宾馆吃饭，要收开瓶费——这是霸王条款。出门旅游遇见旅行社说"发生人身意外，旅行社不负责任"，这是霸王条款……

甲　(气愤)太不像话了！这霸王条款真该清理惩治。

乙　令人痛心的是，霸王条款不仅活人不放过，死人也不放过。

甲　啊？

乙　我的一位朋友悲伤而又气愤地告诉我：成本只有几十元的骨灰盒，可卖数千元，一些殡仪馆还规定"必须在馆内选购骨灰盒，外购的骨灰盒一律不准带入"，典型的霸王条款啊！

甲　就没有办法惩治这些霸王条款吗？没有办法惩治这些设立霸王条款的商家吗？

乙　值得欣慰的是，去年11月，国家工商总局出台《合同违法行为监督处理办法》，对损害消费者权利的行为进行监督惩罚。

甲　(激动)对，应该对霸王条款实施监督，加强惩罚力度。因为这些条款侵犯损害消费者权利,损害广大人民群众的根本利益,广大人民群众的利益谁也不能碰,谁也不能够侵犯!

乙　(兴奋)说得对,侵犯损害人民利益的霸王条款就必须得到整治和严惩,因为人民利益最大!

甲　(满怀信心状)是的!人民利益最大。有没有侵犯损害群众利益,群众满意不满意,最终解释权不在哪个公司哪个单位哪个商家,而应该在人民群众。人民群众的最大利益才是霸王条款!谁也碰不得!

乙　说得太好了,人民群众的最大利益才是霸王条款!谁也碰不得!

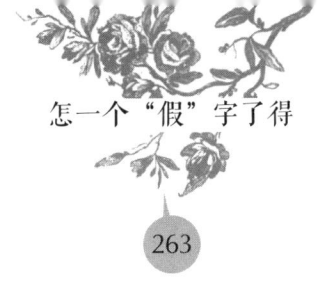

怎一个"假"字了得

（相声）

（闲暇之余,从百度搜索得知如此众多的食品安全事件,我感触颇深。民以食为天,食品安全事关千家万户,问题食品不仅直接损害消费者身体健康,而且有损政府形象,俨然不是一个"假"字了得！所以编写了这篇相声,权当针砭时弊,聊以呐喊警醒:明天,我们还能吃什么呢？作品内容涉及的食品安全问题,如有雷同,实属巧合）

甲　郁闷啊,郁闷……

乙　哦,你又怎么了？看起来好颓唐消沉啊。

甲　我能不郁闷吗？我最好的朋友,二十多年前去新加坡,就再没见过面,这回说要回来看我。

乙　那你应该高兴才对啊。

甲　是开心啊,可朋友前几天回来,昨天就坚决地回新加坡了。

乙　（惊讶）为什么啊？

甲　还不是给假冒伪劣产品坑怕了！

乙　唉,食品安全问题确实令人揪心和痛心,我也感同身受啊。

甲　可不是吗？从曾经闹得沸沸扬扬的苏丹红事件,到不只一次出现的毒奶粉事件,再到后来的瘦肉精事件、染色馒头闹剧,到如今的塑化剂事件、餐桌上泛滥的病死猪肉……食品安全问题已然成为国人心中挥之不去的梦魇。

乙　是啊,就说那毒奶粉,有些让婴儿吃了变成大头婴儿,婴儿胸部早熟,比我大——

乙　(比画)造孽啊！

甲　前总理温家宝曾说过:这些恶性的食品安全事件,足以表明诚信的缺失、道德的滑坡已经到了何等的地步！一个国家,如果没有国民素质的提高和道德的力量,绝不可能成为一个真正强大的国家、一个受人尊敬的国家。

乙　嗯,此类事件令人深恶痛绝,不只是一个"假"字了得啊。对了,你那朋友具体碰到哪些食品问题？

甲　俗话说,民以食为天,有朋从远方来不亦乐乎,我肯定要好好款待的。

乙　那当然的,你怎么款待呢？

甲　第一天天刚亮,我就从超市买了不少东西,带了茶叶以及早餐到宾馆接他去了。我们这里的习

怎一个"假"字了得

惯,先喝早茶,而且我朋友也好这口。

乙　嗯,有情趣。

甲　然后喝牛奶,吃鸭蛋、蛋糕、馒头,两人谈笑风生,好不惬意呢。

乙　可不是嘛?

甲　可突然,我发现,朋友捂着肚子跑卫生间。

乙　怎么了?

甲　他拉肚子,头疼,浑身冒热汗。

乙　怎么回事?

甲　我也着急担心呀,而此刻我也觉得有点难受。刚好旁边有家食品卫生监督站,我就把朋友刚吃的东西拿去检查,结果大吃一惊!我们喝的茶是农药残留严重超标的茶,牛奶含有三聚氰胺,鸭蛋是苏丹红鸭蛋,漂亮的馒头、蛋糕都是染色的!

乙　天啊!都是问题食品!

甲　我真觉得对不起朋友。我丢人啊!

乙　是丢人,我也为你感到害羞。

甲　好在这朋友比较乐观,还调侃说:"没事,算我运气好吧。"

乙　(叹气)唉,再怎么说也是过意不去的。

甲　我当然忐忑不安。只能等朋友身体没问题后,我再陪他游览胜地了。

乙　应该这么做。

甲　那天也真热,逛不了多久,我发现我朋友头上不

停冒出冷汗,不时用手抚摸肚子。

乙　肯定是早上吃那些东西的缘故。

甲　没错,我赶快买了一瓶矿泉水,又到隔壁药店买了银翘片。

乙　干吗呢?

甲　清热解毒。没想到,过不了几分钟,我朋友又迫不及待地跑厕所!

乙　什么原因啊?

甲　那矿泉水是刚被发现有质量问题的矿泉水,还有银翘片,经化验,含有剧毒!

乙　这些害人的生产商,直接损害了消费者的身体健康,真该千刀万剐!

甲　你说我怎么对我朋友解释交代啊?我无地自容啊。人家到我们中国来,碰到这样的事情,你脸上有光吗?这不仅仅是丢我的脸,更是有损国人的形象,不只是一个"假"字了得啊!

乙　害人不浅啊!赶快照顾好你的朋友,别让他再有什么不测!

甲　我赶紧让朋友好好休息,等到身体没什么不适后再游玩吧。没想到这一休息就到傍晚了。

乙　还游玩吗?

甲　不,应该吃晚餐了,我朋友午餐没吃,肯定饿坏了,再说今天遇到这样晦气的事情,也应该好好表示一下,尽量减轻我内疚的心理吧。

怎一个"假"字了得

乙　嗯,有道理——
甲　我到一家大餐馆,点了十几道菜。
乙　都有什么呢?
甲　人家难得来一趟,不容易。先来几个海鲜,有鱼翅,有鲍鱼、蟹肉棒等海鲜;再来几道山珍,有羊肉,有牛肉。除了这些,还有我朋友小时候最爱吃的火腿肠。
乙　呵呵,挺丰盛。
甲　应该的。还要喝酒,无酒不成宴嘛。为了表示我的诚意,就喝我们当地最贵的酒!
乙　呵呵,够大气。
甲　整个晚餐花了我一万多元!可整个过程似乎有点不对劲,我总觉得今天这些菜不好吃,而且每道菜都有一种别样的味道,甚至我们的骄傲——名酒的味道也不地道!而我的朋友始终也不是很高兴,似乎有种难言的表情。
乙　不会再有什么事情发生吧?
甲　又让你给说中了!人要是倒霉,喝口水也会塞牙!那天晚上,那朋友和我上吐下泻,陆续跑了十八次厕所。食物中毒!
乙　啊?
甲　后来,经查,我们那天吃的喝的都有问题。那些鱼翅、蟹肉棒都是人造的,用明胶合成的,根本没有一点鱼翅、蟹肉的成分。其他海鲜都浸泡了福

尔马林。羊肉是用老鼠肉加明胶冒充的,牛肉则是在猪肉里掺牛肉膏变的。火腿肠呢,是用含瘦肉精的肉制作的。我们喝的名酒,滥用化学添加剂!你说,新加坡朋友回去后,他会怎么看我们的食品安全问题呢?

乙　呜呼!这些天杀的食品制造商,他们危害的不仅仅是消费者的身体健康甚至生命安全,更是严重影响政府公信力和国家形象。这真不是一个"假"字可以了得的。

甲　我欲哭无泪,我无法对朋友解释。万般无奈,我们不得不在附近的一家医院观察了两天,期间,我的朋友因牙疼也一并看了牙医,装了假牙。出院后他就坚决要回新加坡……

乙　才来几天,这么快就回去?

甲　你说我还好意思留他吗?自从他来以后,吃的喝的都让他不放心。回去就回去吧,我总得为他饯行吧?

乙　那是必须的。吃什么呢?

甲　我就和他商量,他就要了白米饭,一个青菜,一个紫菜汤。其他的,他什么都不敢吃了,心有余悸。

乙　哦,这些饭菜应该保险,没问题吧?

甲　(愤怒)可还是出问题!吃完不到半小时,我朋友又是拉肚子又是头痛!

乙　又怎么了?

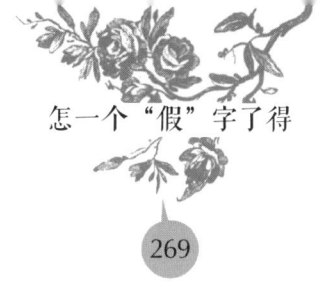

怎一个"假"字了得

甲　一个青菜,是豆芽菜,毒豆芽。一个紫菜汤,紫菜竟然是染色紫菜。而雪白雪白的大米,我们天天要吃的,看起来那么可爱,竟然是漂白的!而且镉严重超标!

乙　天啊,我们吃什么才能放心啊?明天我们还能吃什么呢?

甲　谁来拯救我们的食品安全啊?李白说"行道难,难于上青天",而我觉得"食道难,难于上青天"!我就不相信,没办法让我的朋友吃到放心的安全的东西!我对朋友发誓:兄弟,再给我一次机会,你回去之前,我一定让你吃到一餐满意的放心的饭菜!否则我死不瞑目!

乙　你怎么做的?

甲　于是,我四处打听,跑到边远的山村,亲自去找农家圈养的畜生,买了一头猪、一头牛和一头羊。

乙　(惊奇)为什么要这样做?

甲　我担心再吃到假羊肉、假牛肉、病死猪肉或喂瘦肉精的猪的肉。

乙　啊?买那么多怎么吃得完呢?

甲　为了面子,不管那么多了,我豁出去了!(语速加快)我又跑到榨油厂,亲自去找花生榨出的花生油,买了一桶。

乙　干嘛啊?

甲　我怕吃到地沟油。

乙　用心良苦啊!

甲　我又担心面粉被漂白或掺假,亲自到面粉加工厂去,亲自盯着工人师傅们制作面粉,我买了一大袋。

乙　防不胜防啊!

甲　最后,我深入农村庄稼地去,收集了一些无公害蔬菜,以确保无残留农药。(调侃状)呵呵,你还别不相信,我把东西买齐了,我家院子几乎就成了农贸市场啦!

乙　真的难为你了。

甲　那天可热闹哦,我请了屠夫和厨师,一个负责宰杀猪牛羊,一个负责烹饪,呵呵,不知道的人还以为我又娶媳妇呢。

乙　你就臭美吧。

甲　(义愤填膺状)我就不相信今天所有的东西,采购、加工、烹饪等环节都在我眼皮底下进行,都是真材实料,他们还会假吗?还会以次充好吗?还会有问题吗?

乙　那都做了什么菜呢?

甲　我让厨师包了饺子,做了肉丸,烤了红烧肉,蒸了羊肉煲,炖了牛肉汤,炒了几个青菜……

乙　(吸了一口气)我可嘴馋了。

甲　那新加坡朋友刚吃了一个饺子,一个肉丸,脸上露出难得的满意的笑容。

怎一个"假"字了得

乙 (如释重负状)终于吃到放心食品了!
甲 那朋友正津津有味地嚼一块牛肉的时候,突然"啊"的一声!
乙 又有什么状况?
甲 他前两天刚补的假牙掉落了!
乙 啊?(深有感触状)这"次货",怎一个"假"字了得啊?

这能怪我吗

（相声）

甲　（一上台就嚷嚷）忽悠！纯粹是忽悠、低俗……

乙　（惊奇）你是打了鸡血抽羊角风了？

甲　我受不了，感觉到被耍！恶心！（藐视转身看乙）微信你知道吗？

乙　（不屑）这谁不知道！

甲　你说说，现在微信里朋友圈转发的链接，许多图像内容都暧昧、色情和低俗，这个露大腿，那儿袒胸露乳，配上文字：多么销魂！你敢看吗？

乙　你看了？

甲　（害羞样）我怎能不看？揪我的心勾我的魂啊。

乙　（指着甲）你这死鬼，就你这德行。

甲　我点开一看，原来是一张张的风景画；还有一些图片的内容和文字根本不沾边，表里不一啊。

乙　这就是你说的忽悠你？恶心？

甲　可不是吗？吊我胃口，忽悠人。

乙　（生气状）活该，像你这种心态就该上当！（转为

这能怪我吗

憨笑)呵呵,不过要是我,也会看看。

甲　(对观众)你看看,说实话了吧,人都有好奇心理,所以这能怪我吗？大家想看,何况是涉世未深的未成年人,身心健康肯定受影响。

乙　有道理,身受其害的首先是未成年人,毕竟他们不谙世事,难辨是非,经不起诱惑。

甲　更有甚者,一些网站媒体为了自身经济利益,不仅没能把握正确的导向,没有弘扬正能量,没有社会担当,却宣传暴力、迷信、低俗以及享乐思想,和社会主义核心价值观格格不入,不利于未成年人健康成长。

乙　是啊,我也有同感啊,我们有的媒体、商家,为了"炒作"不顾事实,为了"卖点"不顾品位,为了"轰动效应"不顾社会效益,全然没负起一点的社会责任,这样的后果极为严重啊。

甲　可不是嘛,就上一周,我儿子放学后开开心心回家。我翻开他的作文本看到一段——

甲　(念)老师说过山上有蜂险,但听说那里的三角梅开得茂盛,百闻不如一鉴,我还是决定去看。一到那里,哇塞——我看得梅飞色舞。我陶醉了,突然,"duang"的一声,我摔倒了。

乙　写得不错啊。

甲　还不错啊,出现三个错别字,"风险"的"风"写成"蜜蜂"的"蜂","眉飞色舞"的"眉"写成"梅花"

的"梅","百闻不如一见"的"见"写成"鉴别"的"鉴"。还有一个拼音"duang",啥字啊?

乙 (疑惑)啊?

甲 我生气地把我儿子叫来,"儿子,你怎么会犯这些低级错误?"我儿子很委屈地说:"我前几天在某某报纸上看到的,说某某地方有许多三角梅,市民争着去观赏,但周围有马蜂窝,媒体提醒市民要小心,所以文章出现了'梅飞色舞''爬山有蜂险'的字样。还有,我们家附近的楼盘不是挂着一个广告'百闻不如鉴'吗?而这个'duang'字不是刚不久才发明的吗?使用率挺高的。我们的党报能够这样说,我为什么不能?这能怪我吗……"你听听,气死我了!

乙 哦,原来这样。孩子说得有道理,真是难为孩子了。可这类媒体广告为了所谓的创意,博眼球,真会贻误孩子。

甲 何止是贻误,有些媒体甚至是忽悠欺骗。前年我弟弟总觉得自己牙黑不雅观,他看到一位美女明星推销双效炫白牙膏,台词是"只需一天就真的白了",他相信了,立马买了该产品,一天洗五次。

乙 (急切问)变白了吗?

甲 废话!牙齿搓坏了。我弟弟不相信,连续搓洗几个月,牙齿没白,反而搓掉了三个牙!

乙 虚假广告,坑害人啊。

这能怪我吗

甲　我不客气说他几句,他气愤地说:这能怪我吗?

乙　一天就变白了？这分明是虚假广告啊。

甲　就因为是虚假广告,厂商被罚六百零三万元,这也是我国目前针对虚假广告的最大罚单。

乙　活该！对这些只顾经济效益而不顾社会效益的行为应该严惩。

甲　大家都知道的三鹿幼婴幼儿奶粉吧,人人痛恨。可我们的某位明星为其做过代言,广告词是这样——

甲　(学)"专业生产,品质保证,名牌产品,让人放心还实惠。"正是这个奶粉导致了不少婴幼儿得了肾结石。你说,这能怪那些消费者吗?

乙　这些昧着良心赚钱的家伙,哪还有核心价值观?哪还有社会责任感?

甲　我二姨生了两个孩子,医生说要补钙。我二姨在电视上听了某位明星推销说"盖中盖是预防和治疗儿童缺钙症的补钙佳药",于是购买这种口服液。哪知两个孩子钙没补成反而补成大胖子！你说这能怪我二姨吗?

乙　害人不浅啊,这些虚假广告严重侵害消费者财产利益和人身利益。

甲　最可恨又可气的还是文化广告,尤其是中华民族的传统文化,比如成语俗语,本身是约定俗成的,竟然被肆意篡改,失去了其本来的含义,这是对

祖国语言文字的亵渎践踏啊。对学习阶段的孩子是严重伤害。

乙 嗯,文化广告更要讲究社会效益。否则就会误导孩子们。那你见过哪些例?

甲 最多的还是利用同音、谐音加以篡改,比如,"百依百顺""一代天骄"被服装店改成"百衣百顺""一戴添娇";"十全十美"被酒家改成"食全食美";"哑口无言"被牙医改成"牙口无炎";"天长地久"被酒厂改成天天品尝酒的"天尝地酒";"无微不至""一步到位"被胃药广告改为"无胃不至""一步到胃";等等等等。

乙 这绝不是小事啊,改得是面目全非,失去了成语本来的意义,你叫孩子们如何适从啊?

甲 今年网络媒体上还出现更荒唐的谐音现象,竟然把不辞辛苦的"妈妈"写成"麻麻","麻木"的"麻",把"叔叔"写成"蜀黍"。我的不少朋友都在使用。

乙 (悲愤)太荒谬了!如果这种现象任其发展,我们如何传承我们的传统文化,我们还怎么教育下一代人?

甲 虽然有些创意新颖巧妙,但这是在戏谑我们的文字,影响我们汉语的纯洁。

乙 (义愤填膺)嗯,性质很是严重。这样不负责任的媒体在经济利益的驱动下全然不顾社会效益,任

这能怪我吗

意篡改,首先影响的就是还不具备辨别是非能力的孩子啊。这能怪孩子用错吗?

甲　可不是吗?这些变味的成语就很快出现在我儿子的作文上,让我哭笑不得

乙　怎么了?

甲　就昨天老师布置孩子写一篇作文,题目叫《我的妈妈爸爸》,我翻开一看——

甲　(念)我的麻麻长得好美,她戴上帽子更娇美,真是一戴添娇。麻麻笑起来露出洁白牙齿,麻麻牙好,真是牙口无炎。麻麻聪明能干,做的菜是食全食美,我麻麻做的衣服是百衣百顺,对我是无胃不至地关心。我爸爸也很关心我,但我爸有个小毛病就是爱喝酒,几乎天天要天尝地酒。

乙　这什么乱七八糟的,滥用成语,害人啊。

甲　所有的成语都变样了。最可气的是他最后几句——

甲　(念)我劝他少喝点,他老说改不了,我告诉老爸说,爸,有痔者事竟成。

乙　这没错啊?

甲　他竟然把这个"有志"的"志"写成"痔疮"的"痔"!

乙　啊?咒你啊?这究竟要怪谁啊?

跟孩子学家训

(相声)

甲 (郁闷,拉乙)走!陪我去喝酒解解闷……

乙 (惊讶)没毛病吧?一开口就是酒,酒鬼吧?

甲 一醉解千愁。心情不好!

乙 没听说过借酒消愁愁更愁吗?有啥心事跟哥唠叨唠叨?

甲 心里真不是滋味。你是知道的,我那亲弟弟早年就在新加坡工作生活,我儿子上个月去新加坡上大学,住在我弟弟家,孩子的亲叔叔。

乙 这不是很好吗?自家人!

甲 可不是吗?可去不了一个月就回来了。

乙 咋回事?做错事被遣送回来?还是不适应?

甲 (生气状)呸!乌鸦嘴,你才被遣送!

乙 总得有理由吧?

甲 (有点犹豫)也不是不适应。新加坡是世界上公认的花园式文明国家,我弟弟家庭也很富足,哪有不适应的?说起来很尴尬……

乙　快说啊!

甲　(惭愧状)被他亲叔叔赶回来……

乙　(惊讶)啊?咋回事?

甲　叫他先回来学中华传统文化,学家训。说中国是礼仪之邦,怎么培养出这样一个败家子,没教养的儿子!

乙　有这么严重吗?

甲　我细细想来,也怪我们,疏忽了对孩子传统美德的教育熏陶,尤其是老祖宗传下来的家训,我们忘得差不多了。

乙　哪方面出现问题呢?

甲　刚去没几天,我弟弟就很生气打电话告诉我。

乙　说什么呢?

甲　除了上学外,啥事都不想做,也不会做。

乙　估计动手能力差,也懒吧。

甲　叫孩子扫地,不会;自己做饭,不会。每次让他自己洗碗勺,水龙头的水"哗——"一直开着,用水冲碗而不是在洗碗,洗一块碗起码用了一大桶的水!

乙　这是浪费,不懂节俭。我们老祖宗的家训说得好,"静以养身,俭以养德"。

甲　日光灯、空调开着,离开时,习惯性没关;穿的用的都要名牌,鞋子衣物稍有小瑕疵就扔掉。

乙　不懂节制,铺张浪费。

甲　我弟弟很是气愤,冰柜里准备了一周要吃的菜,他竟然叫了十个同学,一个晚上就把这些菜煮掉!还有许多剩菜剩饭全部倒掉!

乙　暴殄天物,这是犯罪!古训说得好,"大吃大喝当时香,不如溪水长流长又长","今朝有酒今朝醉,提防明日喝凉水"。

甲　我弟弟骂他是败家子啊!

乙　我觉得骂得对!再富有也得提倡节俭,古训说,一粥一饭当思之不易。

甲　我这老脸啊不知往哪里搁。不懂节俭是一回事,我弟弟还抱怨我说,这孩子为人处世很差,根本不懂礼义廉耻,说孩子没教养。

乙　莫非丢人丢到国外去了?这又是啥状况?

甲　我弟弟经常要接触许多客人、朋友。客人朋友来了,你说我这个近二十岁的孩子依然歪斜着身子躺沙发上,跷起二郎腿,不会跟人家打招呼!也不会招呼客人!

乙　不懂基本的礼仪礼貌啊!

甲　他叔叔婶婶忙里忙外款待客人,孩子也不会帮忙,甚至旁若无人地玩手机,玩他的"王者荣耀"游戏。打起电话,不顾及旁人的感受,大声说笑;自己听歌曲,音量放最大……

乙　那是不懂尊重人,行为举止不检点。

甲　更丢人的是,客人还没有上桌吃饭,我那孩子竟

然独自坐在饭桌上狼吞虎咽地吃菜了！等客人到齐了，一看，咦？煮了七个菜，咋只剩下六个？

乙　被狗吃了？

甲　一盘大龙虾被我儿子吃光了！搞得他叔叔一家好是尴尬。

乙　荒唐！典型的不知礼义廉耻。

甲　他婶婶帮他洗好所有衣服，折叠好再拿给他，他认为是理所当然的，连声谢谢也不会说。

乙　唉，不懂感恩！这是现在许多孩子的共病。我们的孩子把父母、亲人对他们的付出看成天经地义的事，要是懂得"受人滴水之恩必将涌泉相报"的古训，孩子们就不会如此无知了。

甲　是啊，这点我也深有感触。自家的孩子，或者左邻右舍的孩子，父母都把他们惯坏宠坏了，有求必应。即便是经济不富足的家庭，也把孩子当富二代伺候！在孩子的心目中，不知感恩也就罢了，还时常对父母大声呵斥，父母远不如他们养的一只宠物狗、迷你猪啊！

乙　你说的没错，宠物狗一旦有啥症状，孩子们急得如热锅上的蚂蚁，甚至动用110请来宠物医生；而一旦父母出现发烧感冒等症状，孩子像没事人似的，无动于衷。还有不少孩子，离开父母去外地求学或者工作，很少主动回家关心父母的生活起居，甚至连电话也没有。

甲　真的是心寒！"儿行千里母担忧,母行千里儿守护"啊。想想我那孩子,去了新加坡二十天,竟然没给家里一个电话！

乙　(生气状)太不像话了！古训早有云"树欲静而风不止,子欲养儿亲不待","在堂父母百年稀,生时不孝死徒悲",规劝子女须重父母亲情,及时行孝。

甲　我弟弟很不客气地数落我,说我没有把我们中华传统文化、传统美德教给孩子,把老祖宗传给我们的家训丢掉了。

乙　可不是吗？家训是中华传统文化的重要组成内容,是对子孙立身处世、持家治业的教诲,它约束一个家庭、家族的行为规范和道德准则,像礼让、谦恭、节俭、长幼有序……这些家训在中华文化历史长河中都是我们熠熠生辉的精神财富。习近平总书记说,良好家风和家庭美德正是社会主义核心价值观在现实生活中的直观体现。

甲　习大大英明啊！不忘初心,方得始终。中华传统文化源远流长,代代相承。惭愧啊！我低估了家训的存在价值。

乙　十九大报告你看了吗？

甲　这样的大事我能不关心吗？

乙　习近平总书记说得更明确,"中国特色社会主义文化,源自于中华民族五千多年文明历史所孕育

的中华优秀传统文化",而家训蕴含着许多优秀传统文化,我们要"从家庭做起,从娃娃抓起。深入挖掘中华优秀传统文化蕴含的思想观念、人文精神、道德规范"。习大大讲的这些话具有极大的现实指导意义。

甲　我弟弟责备得对啊！我从小疏于教育孩子学家训,学优秀传统文化。难怪我弟弟说我孩子没教养,没家教！

乙　教训深刻啊。父母是孩子的启蒙老师,要是你有意识地引导孩子从小学习并践行家训,学习《三字经》《弟子规》,学习《颜氏家训》《朱子家训》等家训,孩子们就该懂得仁、义、诚、敬、孝；就会懂得"入则孝出则弟、谨、信"等待人接物的方式方法；懂得"半丝半缕,恒念物力维艰"的古训；就会明白"百善孝为先"。他们就会明白知书达礼,谨言慎行,勤俭持家、自强厚德等美德,并约束自己、规范自己,就不会把我们中国的脸丢到国外去了。

甲　(振作起来,语速渐快)不能再丢脸了！我应该及时把我们的优秀传统家训传给孩子！我得赶紧回去……

乙　(不解)干嘛去？

甲　得叫我儿子和我的小女儿赶紧报名参加家训文化培训班！

乙　哈,醒悟了吧。(突然)等等……

甲　又怎么了?

乙　(狡黠地看甲)就你儿子和小女儿要培训吗?你没听说过:"养不教,谁之过?"

甲　(不假思索地)养不教,父之过啊……

乙　说得好!父之过。

甲　(猛醒状,羞愧)啊?我……我……那我跟我孩子一起报名培训去……

乙　好!这就对了!

郭建居作品

咱的好模范

（答嘴鼓）

甲　来，大家斗阵来，翔安好所在，欢迎大家斗阵来！翔安好迌迌，呣噹拍噗仔一直无，没噗仔声，我心头煞会惊，讲话……

乙　郭老师，汝讲甲赫大声，有什么好康要报互大家听！

甲　第一要欢迎汝厦门主持人来翔安行行，顺续翔安的模范、好人讲互大家听！

乙　谢谢！好势！

甲　第一位，介绍阮阿伯——黄献阔，新圩镇后亭村老党员，曾任新圩学区民办教师。

乙　老师！老师！教孩子爱读册！

甲　是！伊佫当过副村长、村长。人讲村长伯，做好事够真好势！

乙　怎样好势！

甲　伊自创草药，五十七年为患者免费治病，逐日工作十二小时，辛苦趁钱，助人为乐为乡里。乡里人形象地称为"济公"，济公！济公！济世助人当先锋。

乙　无简单，农村代志真难办！

甲 第二位,介绍阮表兄!

乙 我知影!敢是恁姨母迄个臭小子!

甲 正是,伊是阮表兄,林良菽就是伊的名,莲塘大细汉拢知影!早时算是尚赤子,翁某为人真打拼!柯依达企业办甲有名声,捐资助学定定有伊的名,宋江阵打到世界有名声!(尚赤,贫穷)

乙 我知影!佫带头旧村改造,莲塘现阵是厦门十大最美乡村!

甲 是啊!阮表兄林良菽热心老年公益,创办老人之家,整体做甲真好势!

乙 好势!等了咱来去采访一下!

甲 好啊!第三,介绍阮兄弟!

乙 兄弟?到底是恁正兄还是汝契小弟?

甲 反正是阮兄弟!管伊正兄还是契小弟!

乙 到底是做什么代志,叫什么名字!

甲 助学狂人——郭水来,甲我同姓郭,甲我同是后村遮厝内!汝拢知!热心助学真厉害!

乙 哦!自掏腰包大箍呆!钱银侪甲无地开?

甲 唔是啦!伊甲我同是一名普通老师,无偌侪工资!但是伊无简单!

乙 怎样无简单。

甲 注意听!四年来,伊所带领的"同心助学圆梦项目",募集爱心款二百五十一万,帮助五百零三名高三贫寒学生实现了大学梦;为七百三十八名青

少年免费举办冬夏令营;培养志愿者二百一十名斗阵行。用爱心为贫困生咧打拼。伊多次被评为"优秀义工""优秀志愿者",被媒体誉为"助学狂人"。本地话叫作"痟"。

乙　即种"痟",真是不得了!好!

甲　第四,介绍阮兄嫂。

乙　恁兄嫂,嘛是好!

甲　阮兄嫂——郭春花;诗坂中学一名老师,参加工作以来的十三年,连续十二年担任班主任,成绩教好是公认!可以讲也是真无闲!伊照顾残疾的母亲、年迈的父亲,帮助左邻右舍的老人,受到厝边头尾的好评。

乙　尊重老人,关爱老人,是咱中华民族的传统美德。

甲　正是!家家都有本难念的经,不过,人人相关心,世界好斗阵!

乙　对!人人相关心,世界好斗阵!但是拄者我所听的拢是汝的面线亲!

甲　无要紧!江海是汝亲戚,听见前几日因为偷提相打互派出所咧邀请!听讲监狱得去坐定定!

乙　乱来!好的拢是恁亲戚!坏的拢是我的名,汝呣通乱牵亲戚!

甲　好啦!开玩笑!只要是中华民族,拢是同一家,拢有血缘关系!拢是亲戚!

乙　讲安尼嘛是有影!

甲　现阵讲恁亲戚！好名声！林牵治,今年六十四,马巷镇个协党支部书记！在座真侪人会识伊！

乙　正是！即个也是阮自己！一名四十几年党龄的老同志,伊时刻会记党的宗旨,不为名利,助人为乐,被称为"拥军大嫂",被赞为个体户的好大姐。

甲　林牵治！老大姐,互汝恭喜！对了！蒋素枝,汝敢会识伊？

乙　即个也是阮自己！伊是咱三乡社区的家庭妇女,但伊尽孝道,十四年如一日,悉心照料瘫痪的公婆,赢得左邻右舍的普遍呵咾！

甲　好！新妇有孝大家,钱银日日加！

乙　对！大家疼新妇,钱银日日有！

甲　蔡金吉,即个少年家！汝敢会识伊？

乙　即个又是阮自己！眼镜生意做甲四界去！阳光视线,趁钱！

甲　蔡金吉,讲来又是我的学生兵,常常甲我咧斗阵！翔安阳光视线眼镜总经理,资助七百多位贫困学生,捐出价值二百万的眼镜,被称为雷锋式的"拼命三郎"。对了！汝有近视,等了叫金吉眼镜互汝框金边！顺续留汝来过暝！

乙　感谢！翔安是厦门的新城,好人好事要讲互大家听！人人为翔安来打拼！

甲　社会要和气,模范力量要会记！

乙　翔安好厝边,好人好事斗相添！

听老师嘴　会大富贵

（答嘴鼓说唱）

甲　大家坐定定,听我讲答嘴鼓,互大家听,要问答嘴鼓叫啥名,专讲学习即一件。

乙　汝啊！理论是一大套,实践敢有做真好？

甲　好喽！大家听了也呵咾,只要讲起我建居的名,是名声透京城！

乙　敢有影,遮尼出名？呣嗵自己呵,臭鸡哥！

甲　无影,我互汝请,看要肯德基或者沙茶面,佫是咱翔安出名福春姜母鸭,气味巧,互汝吃了现饱,我吃又会合。

乙　好了,呣嗵一开嘴就要吃,汝看,汝吃甲瘦巴巴,佫想吃福春姜母鸭。

甲　无啦,吃,吃,吃！有吃又有抓,吃了会好额,反正汝出镭,我是笑眯眯。

乙　好了,呣嗵练散牙,正话讲一下。

甲　好！看汝要讲天文或者地理,对我来讲拢是小KIIS。

乙　小 CISS,看来汝真有才,项项都变会来,我想问看眭,咱是学生,读册要创什么?

甲　读册识道理,这是简单的道理。

乙　正是,读书识道理,讲安尼还是有道理。

甲　读书,大汉娶水某,趁大钱。

乙　汝啊!小小的年纪,敢是犯了病相思。

甲　娶水某,一世人会幸福,趁大钱,定定笑眯眯,真水气。来,在座少年家啥人敢讲,唔要娶水某趁大钱,敢承认站起来!汝竟然敢站起来,看来汝真可爱,真正派,等了汝给我试看眭。

乙　讲甲这实在,即点我唔甲汝来辩解,汝册敢有读真厉害?

甲　册吗?我是读脍歹,阮班定定有我的名。

乙　汝的名,到底是第一名还是最后一名。

甲　反正有我的名,何必具体讲出是哪个名。

乙　看来汝是:心虚,没读册;心惊,唔敢讲哪一名。

甲　唔是啦,我是看大家坐定定,赫尼呀注意听,偌是讲出我的名,等了倒徜向。

乙　看来汝乌龟尾有要趖。好!我就甲汝继续来探讨。

甲　探讨就探讨,我甲汝使惊无。

乙　上课时要注意,唔嗵三心甲两意。

甲　对,上课时要注意,我嘛是头欹欹,有注意,一心一意,想起昨暝的电视。

听老师嘴　会大富贵

乙　读册爱打拼，为家庭争名声。

甲　对，打拼，我也是真打拼，别人上课真注意听，我一个也是坐定定，心内想，昨暝连续剧仃大车拼！

乙　看来汝开小差，安尼做真是不应该，做作业要认真，自己独立来完成。

甲　有，作业有认真，我甲阮班学习委员咧斗阵，偌是伊完成，我现做嘛真快。

乙　怎是抄别人作业来完成。

甲　正是，做甲恰输同一个模在印，上摆作文写了阮老爸，我甲学习委员写出是同一个，语文教师呵咾，讲我写真好势，文笔好，课堂现呵咾！

乙　老师呵咾是应该，汝怎有暗爽在心肝内。

甲　什么暗爽在心肝内，最后教师一句常常来，讲我和学习委员是同老爸，害我面是红支支，真歹势，头是歇得低低低。

乙　会歹势，说明汝是好学生一个，批评也是好代志，提醒汝以后要重视。

甲　有，以后偌是写作文，我就甲学习委员有区分，偌是写老爸，我就将老爸两字改为俺公，写老母，我就改为外婆。

乙　看来汝头脑有点灵，又会来创断，但是安尼也恰用。

甲　是啊，结果，我真怨恨，我成了学习委员的孙！

乙　人讲读册态度第一要端正，老师讲啥汝就要听。

甲　有啊,逐日早上五点半,我就起床衣服换,跑步运动身体会好看,汝看我苗条的身材,生成是真可爱!!就是听教师讲爱较早起来。

乙　好啊!早上时,呼吸新鲜的空气,即种是好代志,身体运动,一生健康!

甲　正是,六点半,我就背上书包向学校赶。

乙　真准时,读书好时机,读了英语ABC。

甲　唔是,早读时,讲起昨暝我在打游戏,得分两千两百,我由卡车变成直升飞机。

乙　啊!唔是读册在早起时,真是浪费青春好时机!

甲　唔是,我是甲同学练嘴舌,讲了迥迥,真趣味。

乙　汝啊!是害人又害己。

甲　第一节,英语课,我读了真轻可,手免动三宝——书本、电脑甲笔膏。

乙　安怎讲。

甲　别人单词记甲半小死,我只要记得字母A、B、C、D,管伊E、F、G、H。

乙　哦!

甲　偌是考试时,我就银角来提起,当场掷币看什么,选择只写A、B、C、D。(银角,硬币)

乙　安尼真舒适,原来汝是靠运气。

甲　正是,第二节,上语文,语文甲我是真亲近,我嘴尖舌利,写作文真厉害,我是"大江东水,滔滔不绝"!

听老师嘴　会大富贵

乙　怎样讲？
甲　我是大笔一挥,写了一大堆,老师评语写了真水气。
乙　写什么？
甲　文不对题,重写一回。
乙　看来是离题千里,老师共汝来修理,基本功学无透,语言乱子斗。
甲　正是,一篇作文我有办法写了两千字,佫有法写下去。
乙　写赫尼多字,说明汝平时有重视,有咧记。
甲　唔过两千字,整整一千五百字是错别字,唔过即无什么,吃鱼吃肉,也要错别字来合。
乙　安尼讲,我听不合。
甲　第三节,数学课,我故意来迟到,乘机喊："报告！""进来！"互全班笑夋夋,我的出头人人知！
乙　汝啊！真是大股呆,甲全班同学没放伫目内,以后痛苦汝就知。
甲　暗暝时,是我一片好时机。
乙　一片好时机？敢是读册读到规半暝。
甲　唔是,偌是暗暝时,我就关伫我的房间内,我就甲我心爱的……
乙　等一下,心爱的,敢是汝在谈恋爱。
甲　什么,伫谈恋爱,我是中学生的时代,我才无戆傻大呆,谈恋爱,乱子来！

乙　安尼认识是正确,册嘛是着骨力读,对了,汝心爱的什么。

甲　心爱电视机或者游戏机!每暗我甲电视机甲游戏机在做堆,看了电视,我是看甲笑眯眯,读册变成无所谓,自由甲自在。

乙　恁父母敢唔管,放汝在房间内作乱。

甲　管,当然有管,逐次听到脚步声,我就翻册在桌上假打拼。

乙　欺骗父母不应该,安尼是汝将自己害。

甲　对啊!规摆晚时十二点外,我位房间门到头闩,跑到游戏间打到五点外,哇!真快活!

乙　安尼上课敢有精神?

甲　精神!老师在课堂讲到大粒汗,小粒汗,我是睏啊流滴澜。

乙　安尼怎会好看,最后怎样?

甲　最后,班主任发现我的情况,打电话给阮老爸讲。

乙　怎样?

甲　佫有怎样,竹阿支炒肉,三餐做一顿饱。

乙　活该,应该来改正,远离游戏机,读册好时机,汝要爱注意,引起重视!

甲　没什么,阮阿嬷有讲起,算命讲我是天顶的文曲星,我听了是真高兴,讲我读册会好势,状元是我的。

乙　算命嘴,糊累累,相信伊,会吃亏,先天有即种命,

听老师嘴 会大富贵

　　后天要爱来打拼!
甲　阮阿嬷是老人,人讲,呣听老人言,吃亏在眼前!我将阮阿嬷的话当成圣旨,我是文曲星,我拢是有咧记。
乙　好,看来汝只是有淡薄迷信和书呆,安尼汝俗救会来。
甲　怎样讲!
乙　第一,汝有法度听别人的话,解救汝俗没问题。
甲　真实的!
乙　第二,汝有法度讲出自己的错误,说明汝头脑俗不糊涂。
甲　真实的。
乙　第三,汝有法度尊重老师,说明汝俗想读好册。
甲　哦!
乙　第四,汝头灵灵,遮尼有精神,只要汝用心,也是有好前程!
甲　哦
乙　一句话送汝,听老师嘴,会大富贵;听老师话,成绩会考真多。
甲　哦——
乙　学习造就咱未来,知识创造咱将来!
甲　汝讲的遮话合在我心肝内,现阵我要位头来!
乙　好啊,汝听话好代志,位即阵来重视。
甲　好,位即阵开始,我要位头做起,呣浪费青春好时

机,做好一粒金闪闪文曲星。

乙　对,即阵少年来打拼,吃老得名声,要知影,汝年纪才十七尔尔。

甲　啊!十七岁尔尔。

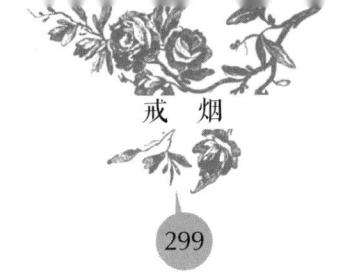

戒　烟

（答嘴鼓说唱）

甲　（点香烟悠然自得）姆瞗看我年纪只有一十四，吃烟已经七八年。

乙　人讲吃烟百害无一利，汝为啥自己害自己？

甲　第一摆吃烟是游戏，二叔教我点烟支，我一点马上咳嗽，目油是双港滴。二叔四舅笑甲嘴要裂，三姑六姨笑甲肚子捏，害我艰苦整整半小时。

乙　安尼是汝长辈共汝创治，遮没什么。人讲家庭是第一个学校，汝怎能把吃烟当正顿？

甲　第二次吃烟是趣味。我看厝边的大头兄弟，红头发，金闪闪，乌墨镜，镶金嵌，西装皮鞋拢牌子，特别是吃烟支吃甲翘起起，实在真帅气！连香港的刘德华也姆敢甲伊比。伊将烟支共我饲，一饲三五年，现阵要改也改不离。

乙　汝啊，真是六月菜头——半头青。逐日吃烟哪有偌侪钱？

甲　读小学时，我是逐日吃几支，上初中一日一包吃

甲 空空空。没钱买烟心内挠挠动,急中生智钻空缝!

乙 钻啥空缝?难讲土地自己会生钱?赫安尼人劳动就无意义。我看汝肯定在做无本生意——离狯开偷、抢、骗三个字。

甲 偷、抢我是唔敢去,只是骗阮妈零散钱。

乙 骗恁妈妈零散钱?

甲 是啊!买一包菜脯五角二,我就骗伊讲是九角四;买件普通夹克六十二,我就骗伊讲一百四。

乙 汝骗来骗去做歹代志,我看最后会出代志。

甲 平时无钱买烟支,只好即间赊,迄间欠,时间不到半学期,总共欠三间店仔四百五十四。

乙 欠甲赫尼侪钱,佫唔想改变?汝啊,真是青瞑鸡仔——知吃唔知死

甲 啥人唔知死?我也知影乐极会生悲!店仔头家是逐日讨,我的生活过得狯轻可。我硬着头皮向阮妈佫骗钱。

甲 (对乙)妈,学堂要佫做校衣,一套需要一百五十四。

乙 恁妈妈一边数纸字,汝一边心里伫高兴。

甲 阮妈妈一边数纸字,一边心里起怀疑,马上甲班主任打手机(打电话)。

甲 (学母亲)喂,郭老师,阮囝讲学堂要做校衣,一套需要一百五十四?

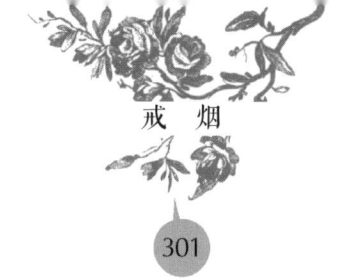

戒 烟

乙 （学老师）有要做校衣,每套需要七十四,并啥是一百五十四,汝要调查和处理。

甲 阮妈妈气甲两目出金星,马上严肃来教示。

甲 （学其母）人说饲鸡要叫更,饲狗要顾暝,饲后生要赚钱。汝还觖赚,倒反来骗钱!

乙 结果怎样?

甲 佫能怎样,竹阿枝炒肉三餐吃甲饱,佫"立案"承受待查。

乙 恁妈妈教示是应该,汝敢有记在心肝内。

甲 吃烟我不互阮妈妈知,伫外口我是逍遥和自在,包括伫学校厕所内。

乙 学校禁烟抓得紧,要吃也要观前顾后看地形。

甲 一天下课,我的瘾阵一下到,我就跑去蹲在厕所偷吃啥惊臭。人讲:"人势,天地做对头。"忽然听见郭老师在咳嗽,惊得我心头乱操操,赶快用烟支塞入裤袋兜。上课时洪老师伫讲《怎样宽容对待人》,我却烟瘾到,我是头空空,听甲无半项。临当时……

乙 临当时怎样?

甲 临当时,我惊得出力叫,尻川着火烧!原来是烟头伫裤袋冒烟,害我长裤短裤烧甲相弄通,连尻川也互伊灼一空。

乙 人讲吃烟火烧厝,汝是吃烟灼屁股。其实,两年前我也吃过烟,晚自修无吃就爱睏。一日天乌

乌,要落雨,我走向学校操场墙角假散步,躲伫壁边里偷点烟,蚊子乌思弄弄一大阵。有的咬头额,有的叮腹肚,有的叮过衫,有的钻入裤,吃烟实在真艰苦。

甲 提起吃烟心头酸,开钱受苦佫不算,上课精神狯专心,门门功课点红灯,真是菜瓜損狗——去一堂。

乙 人说:跋缴了家伙,吃烟寿命短。烟里含有一氧化碳、尼古丁,轻的引起咳嗽头壳晕,重的心肌梗塞着癌症。国家吸烟与健康协会调查报告指出:去年我国因吃烟死亡的一百万,今年因吃烟死亡将超过一百二十万。你应戒烟除祸害,才狯今后会舍败。

甲 汝将吃烟讲甲赫尼呀厉害,亲像半夜着火灾。我吃烟已经七八年,照顾照顾无啥代。

乙 哎哟!吃烟的危害是慢慢来,身体逐日拢变歹。人讲吃过黄连则知苦,摸着鼎底则知黑。我看汝面如土,身高狯超过一米五,身体佫唔照顾,读册佫惊艰苦,以后出社会要怎样经风雨?

甲 人讲马惊扬鞭,人惊讲理。今日听汝讲道理,胜过阮老母不时伫攑竹仔枝。我看戒烟也要慢慢改才是,一天减一支,保证半年改了离。

乙 半年过了又半年,安尼的戒烟狯了时!戒烟也是吃志气,吃了苦则有甜。

戒 烟

甲　汝讲要怎样戒,现戒现了离?

乙　好!江湖一点诀,讲破无半撇。戒烟,位今日做起!

合　戒烟,位今日做起!戒烟,位我做起!

学好呣学歹

（答嘴鼓说唱）

甲　人讲一样米饲百样人，人人生活无相同。

乙　正是，赫安尼状元才会出现仒各业和各行。

甲　有的爱呷烧肉粽，有的生成热心人。

乙　汝到底是要讲都一项，我是听甲无半项。

甲　讲我爱看电视甲电影。

乙　爱看电视甲电影，嘿，有啥小怪和大惊，讲甲赫大声！

甲　讲我学演员学甲真出名。

乙　敢有影？

甲　无影汝详细讲我探听，只要讲起我的名，小孩通人惊，猛虎藏山坪，呣敢来出声。

乙　哦，遮出名，我敢无识听？敢呣是学做歹子。

甲　汝呣通讲甲赫歹听，什么做歹子。

乙　无，汝到底学啥咧出名，无汝嘛讲来听。

甲　我是学甲险险就无命。

乙　敢是学演员认真大打拼，太累，累甲险无命。

学好嗨学歹

甲　嗨是,我是学了电影的大侠,飞檐走壁,翻跟斗,摔一下,险险就无性命。

乙　人是大侠,行侠仗义,为民申冤咧出名,对了,汝摔下去敢会惊。

甲　我继续学打拼。

乙　学打拼为家庭争名声。

甲　嗨是,我爱看电视,学了演员来包装自己。

乙　汝到底包装什么。

甲　每日换一身新衣,汝看我美甲狯输张曼玉,妖娇无人比。

乙　学生的年纪,穿衣朴素才是好标志。

甲　看电视,我学了吃烟支,哇！好滋味。

乙　十四五岁的年纪,要吃烟吃到什么时？

甲　抽了烟支,同学看了跑离离。

乙　敢是吃烟真歹味,人才跑甲离离离,对汝不闻佮不理,汝就得注意。

甲　啊,没什么。

乙　什么没什么,难怪汝生遮小庀,原来返狯起。

甲　正是,看了电视,我佫学了咧身上刺龙和刻字,哇,我是真牌子。

乙　人是对汝看不起,汝赫安尼,真是"蟳看哼澜,虾看倒弹,田蛤仔看跳过岸,鸟看飞不过山,人看呸臭澜"。

甲　没什么,看了电视,我学了怎样甲同学来创治。

乙　汝啊,真是要无药医,同学像兄弟,咱要宽容对待伊,汝怎能做安尼?

甲　我是传了信息用手机,讲起啥人甲啥人的代志,哇,隔天是热闹。

乙　只要呣是害人和害己,遮没什么。

甲　无,我是传信息咧下半暝,顺续打手机,"嘟嘟"马上来停止,嘿,真趣味。

乙　汝啊,真是害人甲害己。

甲　是啊,那日中午时,阮班同学趴咧桌上睡甲真入眠。

乙　中午休息,下午上课有精力。

甲　是啊,我就拿起火柴支,偷偷来挠鼻。

乙　即种也来相创治,汝敢会使做安尼。

甲　掂味时,即个同学头来攑起,火柴支直接插入鼻,两股血水是嘈嘈滴。

乙　汝啊!

甲　我是惊甲半小死,同学七嘴和八舌,赶紧帮忙送去医。

乙　同学之间应友爱,即种害人是觞使,过后怎样?

甲　佫有怎样,治疗用去六千二,阮老爸气甲半小死,当场甲我打嘴边,打甲红支支。

乙　拍嘴边,汝那来清醒,来改佫觞迟,汝才十四五岁的年纪。

甲　是啊,过后我是真后悔,我是真不该,对咱同学来

学好嗨学歹

伤害。

乙　即种教训真沉重,老师、同学也希望汝好好来做人。

甲　阮班主任也帮我来排解,讲咱是中学生的时代,学做人、学知识才应该。

乙　安尼认识才实在,汝敢有记在心肝内。

甲　有了,阮班同学对我也赡歹,互我机会佫够来。

乙　看来还是班集体较可爱,汝要珍惜重新来,嗨通同学来相害,宽容待人汝得知。

甲　我表态,我要开始学好,嗨学歹。

乙　那安尼,我恭喜汝!

阿嬷的话

(答嘴鼓)

甲　主持人咧相疼,再三来邀请,阿嬷则伫遮讲心声!

甲　阿嬷旧年七十四,生活过得真如意;阿嬷今年七十五,生活依然真好度!

甲　汝看,阿嬷又佫较少年,就是来宾不共阿嬷嫌!

甲　所以,阿嬷今日真喜欢,上台有准备,带淡薄糖仔要互人呷甜甜!

甲　来!来!来!大家呷甜甜,喜欢像过年!囡仔呷甜甜,互恁聪明佫伶俐;少年的呷甜甜,恭祝汝以后生后生;大人互阮呷甜甜,欢喜万万年!人人势趁钱!

甲　来!来!来!一人呷一箍,互恁喜欢加两晡!

甲　看大家欢喜过日子,阿嬷是真欢喜。

甲　想旧时,阿嬷艰苦过日子,那怪阿嬷生成即辟鼻,身高才一米四四;不过,偷共咱来宾讲起,阿嬷少年时真水气,追阿嬷的少年家是一大堆!

甲　阿嬷少年时,是三顿前二顿后,为了腹肚咧吵闹;

阿嬷的话

天光做到呷下昏,半饱过三顿。

甲　呣过,阿嬷少年是真坚强,培养子女是无参详。

甲　阿嬷生六个子女,也培养俉去读册! 子女也真八汤想,个个也真成样! 即阵伫咧有孝阿嬷是相争抢!

甲　今日是五四青年节,囡仔相争要载阿嬷去迌迌看闹热。

甲　呣过! 咱新店好山好水好风气,特别有好的人情味,阿嬷摇来摇去就是不愿去!

甲　汝看! 咱遮闹热喃,阿嬷心内比吃蜜较甜!

甲　讲了遮,阿嬷就想起阮那个建居金孙! 人伊咧北京大学咧读大二,成绩是数一数二,拄者共阿嬷咧打手机,来共阿嬷咧欢喜。

甲　讲伊迄个女朋友住伫北京城,讲互跟阮迄个建居金孙来新店行行。

甲　来宾啊! 等了恁则来互阿嬷请。

甲　听咱迄个金孙咧讲起,迄个北京城的水查某,哇! 是三八正青春,面若桃花免抹粉,皮肤是白白幼文文,特别是看人的时阵,眼尾一甩,嘴唇一吻,哇! 师公看一下,煞始引魂! 偌互在座遮少年家看一下,归下挠挠动!

甲　咱遮来宾啊! 阿嬷是讲得有道理,咱着爱心中记!

甲　家和万事兴,打铁会成金!

甲　大家疼新妇,丁财逐项有！新妇有孝大家,钱银日日加！

甲　在座有真侪少年家,阿嬷要讲一下：某是自己的,咱要照顾好势,听某嘴会大富贵,听某话,事业会日日多！

甲　在座美新妇,听阿嬷共汝讲一句：翁在外面咧打拼,到来厝内尽力疼；跟了好翁,一世人吃香。

甲　汝啊！人人生甲这可爱,珍惜青春(认真读册)才应该！

甲　因为时间的问题,阿嬷今日就讲遮回！最后,阿嬷继续挠三下,祝在座生活愈来愈 OK！来！甲阿嬷数三下！一、二、三,煞！互大家笑笑较快活！拜拜！阿嬷下摆则来。

国家强,百姓富

(答嘴鼓)

甲　老兄弟,现阵伫没闲什么,真久没看见!

乙　没闲咧学习十九大精神的代志,没闲到无日佫无暝。

甲　唉!汝也不是市长或是市委书记,也不是村长或是村书记,跟人伫无闲什么!
　　哦哦!我会知,敢是汝要升官提位置!

乙　什么升官提位置,我是立足本职做代志!

甲　哦!无,十九大汝伫无闲什么,嘛讲来互大家欢喜。

乙　可以!党的十九大开得真胜利,报告三万多字,习总书记报告三个半小时,
　　我是听甲真甲意,心情是真欢喜!

甲　好代志!遮是咱中国要走入大发展好时机!

乙　是!中国梦要继续来布置。

甲　中国梦是什么?

乙　中国梦,就是中华民族伟大复兴之路!用咱的话

讲:国家强盛,百姓有面;国家强盛,华人有面!

甲　中国梦好代志！值得恭喜！

乙　想旧时,中国人贫困受人欺,互人看赊起,"华人与狗不得入内"去,中国人互人欺负真多年!

甲　讲了过去的历史的代志,咱中国人真实是眼泪流,佫着眼泪滴!

乙　所以咱要强大,要靠咱自己！

甲　讲安尼嘛是。十九大精神咱着来学习起!

乙　是！建设新时代中国特色社会主义。大家斗阵来布置。

甲　是,咱得坚决拥护党的领导爱坚持,带领全国人民生活好无比。

乙　共产党真英明,抓老虎打苍蝇,反腐败得民心,社会稳民安定,搞经济促民生,兴教育培精英,各行业齐振兴,国际上地位升,中国梦促繁荣。

甲　现阵咱的生活叫做:吃穿用免烦恼,生活是真轻可,国内国外四处走走和迌迌!

乙　像我住的农村,早时:土粘,水咸、桶索十八掀,大家严,新妇煮饭特别咸!

甲　遮是早几年代志！现阵已经大改变!

乙　正是,变成:土不粘,水不咸,水泥路四处连,大家严,新妇没人嫌!

甲　是！较早咱农村,想着过去心就酸,煮饭烧柴搁粗糠,吃是麦糊番薯汤。

国家强,百姓富

规日难得吃顿饭,布袋衫补尻川,规日粗工做不断,收入少全部开甲光光光。

乙　现阵要讲新农村,规排高楼贴红砖,睏是弹簧床,通信方便免出门,家家户户数字电视宽带装,水泥路环乡村,路灯规暝卓甲光!

甲　确实了不起,我指头双手比!

乙　金砖会议在厦门,咱是布置金当当!

甲　人人打拼为厦门,厦门名声传真远!

乙　讲交通,真便利;环岛路,顺海垍;金门岛,像厝边;两岸交流热市市。

甲　讲动车,像火箭;BRT,真四是;高架桥,通向天;岛内岛外半小时。

乙　水!咱厦门只是咱中国发展一个缩影,有机会可以到咱中国四处走走,
咱中国发展会互汝来大惊!

甲　讲安尼有影,我要为咱中国大发展来打拼——爱拼才会赢!

乙　十九大精神是方向和指示,现阵关键是落实和实施,我要对自己先做起!

甲　我同意,我也表态:立足本职做代志,宣传十九大精神的好同志!

乙　那安尼,我界汝恭喜!走!咱马上行动去!

黄国清作品

村长嫁查某仔

（答嘴鼓）

甲 各位观众朋友,我今日来搬一个角色,伊叫吴大手。

乙 啥,伊叫无辣丑。不成开嘴就出丑,我看汝今日会互人笑得结归球。

甲 唔是啦,赫我是姓吴名大手,现任是凤南新村的村长。自办企业小工厂,生产豆油酱,日子一日好过一日,比汝较成样。

乙 知啦,听讲汝为村民办事不计报酬,人若请伊,也不啉烧酒,做官清廉真优秀。唔过,最近听讲汝真忧愁。

甲 大家拢有自己的苦处,有的人烦恼无刺球,有的人烦恼冬天无棉袄。我即个无辣丑,也有吃不下饭的忧愁。阮兜只有一个查某仔是细汉抱来饲。伊是读册真优秀,工作不是嘻甩甩,最近找着一个男朋友,即个乾埔大汉确实有够成样,主要是伊唔参加黑社会跟人哩溜溜。

乙　哈,汝就有心甲伊办个订婚酒,收淡薄红包揩点啊油。可惜啊可惜,女大不由娘,伊新事新办无咧想,半暝偷走去旅游,害汝四界追人面皮无跟人相像。

甲　我就想去找亲家,甲伊装悾悾,讲嘎半土佮半洋,才不会猪仔换槽出洋相。

乙　不想到命运创治人有够溜。无辣丑去敲伊亲家的门,拄到伊查某甲伊男朋友。伊三个都革着一支坏脸腔,呤输结冤仇。

甲　今日恁要回去办喜酒,偌是有人俚扭扭,就是天公王爷,我要敲断伊的骸手,从此不咧认女儿佮是爹娘。

乙　汝呣通甲我揪,就算互汝敲断骸甲手,我也呤返去做样相,除非汝要撤去订婚酒。

甲　我就是要设订婚酒,看汝要怎样!

乙　要怎样,我看汝是想要收红包大揩油,我要警告汝无辣丑,汝看广东黄啊清洲,贪污收钱一大球,结果互人通缉跑得沐沐游。自从汝做村长,认路啊认路,善做啊善吃,百姓呵咾汝是呵咾到头发打结球。不想到汝做官做到要退休,才来创创遮样相。

甲　是啊,有权不应酬,过期作废,无钱才来俭佮 Q。

乙　是啊,村民无钱才来俭佮 Q,看汝当村长赫侪年,村里照原穷得亲像鬼子窝,修路也修得就像箕子香。真侪村民已经追打操扫把,看汝呣怕死,巧

村长嫁查某仔

立名目甲人揩油。当今新农村大建设,政府有统筹,特别是移风易俗,坚决反对大吃大喝酒。汝偌皮咧痒,要死就无药可救,阮是唔互汝拉下水,办得沐沐游。

甲 尽管儿大不由爹和娘,即件代志确实欠伊的理由。唔过,也看出查某有主见也会想,哈哈,从此不用为伊的生活来担忧,讲起来确实会互我阿Q。(对观众指着乙说心里话)

乙 既然阮爱得像刺脊啊咧吃钓、甜粿赫尼啊Q,为着将来的幸福,咱就得打拼去追求。做事情就要认真细致,唔嗵粗心创得胡溜溜;做人要团结亲戚朋友,好好有孝双方的爹娘。生活才会过得甲人相像。(对观众说心里话)

甲 今日已经办下订婚的酒,亲戚五月在阮兜酷酷守,看无团婿和新娘。偌无叫伊返去,我以后就唔免跟人现空甲吹风球。偌是要硬硬办,敲断伊的骸骨,就出大洋相:我看就软绳牵猪,看活轻轻揪。(对观众说心里话)

乙 咳,尽管阮爸做代志唅幼秀,不管阮的反对,就办下订婚酒,可怜父母自细汉甲阮捏到遮大球,偌今日唔返去,确实不孝互伊无面皮无跟人相像。不如,阮就返去甲人家送来的彩礼退还互伊,不甲伊收。(对观众说心里话)

甲 我的憨查某啊,阿爸最近不成样,无跟恁参详就

自作主张,公然违反新的村规办下订婚酒。阿爸不对,只要甲我返去见亲戚朋友,恁爱怎么样就怎么样。我呛佮甲恁虎豹狮象!

乙　阿爸,乾埔囝敢说敢承受,阮就是要退还彩礼无落甲伊收。

甲　退还彩礼无落甲伊收。各位听众朋友,代志的发展并不是汝即款憨人安尼想,偌无汝嘛会当村长。

乙　偌无怎样?

甲　送礼的人有够侪,办得团婿和新娘挤在屋内,无地觇。当然啦,有的人是斗热闹单纯啉烧酒;有的人动机不纯坏了无咧大修,红包大大地有。

乙　红包大大地有,难怪有的贪官四界认干娘,月月倘做寿,红包日日收。

甲　迄一日,订婚酒喝到一半的时候,村里的出纳大声宣布:吴大手为了阮新村的建设日夜操劳担忧,为了闪避泥石流,伊就想要建一矸挡土墙。可惜村民较贫瘠,偌要收几分钱,佮要等到明年佮卖蜜柚。伊才会违反村规破例佮设订婚酒,目的就是想要红包大力收,最后才来创迄挡土墙。所以伊要我做代表,感谢各位亲成朋友。同时伊也宣布:吴大手,唔佮当村长。

乙　即个故事有够感动,难怪真多啉喜酒的人哭得嚎嚎抽。個团婿查某仔严格要求,品德有够优秀;吴大手,为新村建设尽心尽力,实在是人民的好榜样。

新农村,大建设

(答嘴鼓)

甲　即阵新农村,大建设。规社大闹热,互我看到红烟卷了,番仔火煞忘了擦。

乙　啥,大闹热,要就五香款下切,米粉赶快炒,蚵仔款下煎,红蟳大虾端出好几盘,烧酒撙出来推,安尼阮两个情谊才密切。

甲　大吃大啉感情无可能偿密切,亲像砖子村一年十二次闹热,吃到家庭瘠呀赤,有的厝内无米就煮番薯汤,办到狮尾黄,办到亲戚五月出门也无面热。

乙　汝唔嗵伫遮甲我设,唔请客佫讲是闹热,我看汝是猫蛋讨人嫌,好酒好菜遮起来自己吃。(设,骗)

甲　好啦,算我猫蛋自己撅,汝呀唔嗵为了一嘴吃就创感情分裂。我讲的唔是佛生日的闹热,哪是情谊密切,平时有在来,唔是专等佛生日则伫相交揌。即阵山珍海味几乎逐日牵,五粮液茅台迄是

没什么稀罕,何必等到佛生日才来装大办。更要害的是,佛生日治安要打折,少年啉酒走路就会显,造成冤家、相拍、事故规大列。所以说,"新农村,大建设;坏风俗,也要撤",唔是我伫设,阮兜确实唔请客刽闹热。

乙　汝拄则唔是说"规社大闹热",即阵佫说"恁兜唔请客刽闹热"。那无汝讲"闹热"是啥意思。

甲　新农村,大建设。有人赚钱趁炉热,红鸡公是赚得啪啪页;有人要吃唔做,规日只等天上掉下宝贝,无钱倘开,逐日跟着村干部跋无杯,款着花。所以即阵子规社大闹热。(页,扇)

乙　哦,大闹热,请汝来讲一节。

甲　好,我就来讲一节。阮兜干部有保鲜,想到村里赫尼啊瘦瘠,就发誓要将伊来消灭。个就跟着政府搞"新农村,大建设",尽管过程很曲折,个佫是对百姓很面热。

乙　好啦,唔嗵离开主题披撇撇,赫一直凹就会变臭腺,赫按恁兜干部就没啥大招(读页)。我是爱听过程是怎样曲折,怎样闹热。恁兜唔是有个村民叫"疯宝",从头到尾,都跟人作梗,汝讲个详细,听了较亲切。

甲　村里决定响应政府,征地来建设工业集中区。村民积极卖地,没什么跟人拉风箱。

乙　真好!听讲独独即个"疯宝"甲人啰嗦。

新农村,大建设

甲 伊说祖宗三代靠种作,偌卖地要吃啥才好?想到吃我就烦恼。

乙 同安有三宝:香饼、封肉和炸枣。

甲 错错错,讲到吃,汝即个人真像猫看到臭腥。创甲的意思是将来靠什么生活(普通话)。

乙 嘿,俺目珠不够好,脑袋无思考。一靠社会主义政策好;二靠吃老有社保;三靠打工来去厦门岛。

甲 村干部就是安尼慢慢互甲开导,伊却无理取闹把俺挫。地偌卖,唔免讲种作,连土拢无地唾。村干部互人骂不烦不恼,佫慢慢甲伊褒说。(挫,骂)(唾,吃)

乙 亲像我厝边小罗,起工厂伊就甲人承包水泥土,赚好,吃好,做轻考,身体肥了走路佫会摇(佝偻)。

甲 但是遮伊拢听尢。村干部可怜俺命真虐,做事无半撇,只好任伊作掘,唔卖无强求(读盗),唔创一刀齐齐切。少年的,唔嗵佫甲一刀切理解成煮吃的话,即个是指做法相同无杂色五花。

乙 好,唔创一刀齐齐切,看人分钱"疯宝"敢有面热?

甲 当然无面热,看人分钱,伊就半暝来好嘴,伊也要卖地,讲到田螺一大堆,讲不赢就款啰跪。

乙 哎,即种人汝唔嗵甲说(读推),互伊较水气,那无就会端缸吐血。

甲 即种人要理直佫真艰苦,汝唔知哦,分钱的时阵,

伊就装土土,硬硬要把干部挖(读芋)。

乙　伊说干部大家黑又粗,土地款吃得涂涂归嘴箍,村财账目不清楚,害死百姓吃粥配菜脯。

甲　村干部办到没啥步数,只好烆伊去看宣传栏的公布。查来查去,发现干部垫资去修路,伊则无话佮讲古。

乙　听说修路,修到跟迄一组,伊也是歪梨一股,办甲大家真愤怒,可怜伊水鸡唔怕胖肚。

甲　讲修路,是致富的第一步。村民对即个新村规划真拥护,纷纷按照国家的赔补,拆厝让地做赞助。独独"疯宝"厝前一个破屎炕,伊就不愿挖。

乙　请汝重新罗,偌无讲屎炕,城市人就不知影啥碗糕。

甲　村民对即个新村规划真拥护,纷纷按照国家的赔补,拆厝让地做赞助。独独"疯宝"厝前一个坏厕所,伊开嘴一天地,偌无伊就不愿挖。佮有说规偌年拢在艰苦,何必再修路。

乙　其实,村里已经起好规偌个公共厕所,好看,清气,放屎佮唔免惊下大雨。村里赔钱替伊拆掉坏厕所,伊是放屎捡到芋,唔知擦嘴佮哭饿。

甲　村干部忍气吞声有风度,想方设法找出路。明知"疯宝"是钱钱好,但是国家赔补有参考。迄是互伊较侪钱,群众不平就款罗讨。那安尼,修路就修不落。看来只好叫伊的亲人来敲鼓,互伊醒来

新农村，大建设

会觉悟。

乙 听讲"疯宝"实在真可恶,认钱唔认個姑婆甲個叔公祖,气得個姑婆婆重新大肚。

甲 有人辉目叫村干部要报派出所。

乙 "疯宝"讲话照原粗,讲赫有人报派出所,伊就要互报警的人先掉下個坏厕所。

甲 村干部为了即個坏厕所,想方设法几下哺。最先感动的是個老婆,骂死"疯宝"贪心无顾家庭头路,一气就跑回外家诉苦。

乙 听讲即件事情有最新的变故。

甲 有一哺,"疯宝"啉酒啉到规脸红噜苏,走路敢啦列摇橹,顺续掉进坏厕所,号屎号规肚。有个村干部看到,赶快拿起竹竿款了拉款了沪。从此"疯宝"对伊好态度。個妻子听到,现返家就现批斗。伊说"疯宝"唔拆坏厕所就跟伊离婚,互伊三顿去泔。"疯宝"无变步,深刻认识自己的错误,讲伊以后唔跟村里列翘苦。(号,吃)

乙 汝讲的即场确实真闹热,过程有够曲折,唔过党的干部确实高,把所有事情处理佮真漂撇。(漂撇,完美)

甲乙 (合)看到党的领导真亲切,咱就要搞好团结,唔惊农村多干拮,决心搞好新农村的大建设。

等车讲平安

(答嘴鼓)

甲 未想到汝行路赫尔慢,害阮等到日头要下山,请起汝着互较金生。

乙 不是咧迂汝的时间,是为着我的安全,只好行较慢。

甲 走慢慢,像汝安尼,最好用爬的较允当。

乙 是啊!坐火车惊铁轨咧脱圈,坐汽车、摩托车惊转弯,囝仔行慢慢亦是落入水潭(说普通话),所以讲,像我用趖的则会安全。

甲 呣嗵惊甲人着猴损,只要咱,四界看看(说普通话),整改交通各种隐患,出门着呣免安尼艰难。

乙 是,偌无,亲像我顶头去相亲,摩托无注意,到路上一窟真深,害我摔一下黑暗眩,女朋友一气甲我说再见(说普通话),伊即世人呣佫甲我斗阵。

甲 出门咱着量时间,小心行较慢,才会安全。"红灯停,绿灯行;挥挥手,你先走",呣嗵抢时间。(唱广告语)"行人要走斑马线"(说普通话),各种标

等车讲平安

志唔嗵乱,偌无,用爬的心嘛不会安。

乙　偌要做到像广告唱的迄款无简单,有人照样乱乱办,所以唔嗵怪我行路慢,害汝等甲我较锉,日头要落山,唔是日头要下山。

甲　好啦,着是日头要下山,腹肚饿甲皮带结恒恒,看街路有什么嗵牵。

乙　饭店对顶不是有一连,为什么不入去辞生,孝孤,鼓胀,拼命牵?

甲　没什么嗵好牵,吃海鲜惊霍乱,吃猪肉惊口蹄疫；吃牛肉、羊肉惊臭献(腥),吃鸡鸭惊禽流感(说普通话)。

乙　拢啊向汝笑我行慢慢,我看汝亲像囡仔,讲到吃的着惊甲吱吱岁。其实物件很安全,只要煮熟煮烂,吃落着平安。抑还有,偌无注意卫生习惯,破病则不稀罕。

甲乙　(合)生活若要安全,着爱树立正确的人生观。

甲　譬如讲,安全生产是第一关,可惜有人假好汉,装大办,安全帽摆放一边,行路佫会显,凶凶进入工地着中机关。

乙　有人买了商品房,自己拆拆又钉钉,尻川后佫违建,造成住房有隐患,做梦也看着互厝甾甲血淋淋。

甲　有的夫妻甲人不同款,吃饭就咧冤,原来侗是饲细姨甲找野汉,规日激开无咧趁。自然生活着混乱。打生打死,就来骂侗祖宗无咧保平安。(冤,

吵架)

乙　有人心肝有够残,大钱趁不来,小钱唔爱趁,规日抢劫兼诈骗。

甲　害咱社会有够乱,单身查某暗暝拢唔敢上夜班。

乙　有人业余时间乱乱窜,迌迌过度,溜冰跳舞旅游伤泛滥,造成身体欠安。

甲　身体欠安,看病开钱佫唔甘,为了省几分钱,专找游医省钱佫方便,害着自己心胆胆。

乙　有的村长、公务员,上班泡茶无人管。村民则来上访佫闹翻。

甲　上班泡茶无人管,佫烩造成社会严重混乱,惊个贪污乱乱办,造成人民得要反。

乙　汝人敢即款,我讲两句,汝就要插话打乱。破坏我的表演。汝敢是激少年,装大空难。硬硬讲甲互人发猴宏。

甲　创啥货,边上的人睽恒恒,汝是唔知"卖珈"朝圣倒一片。人多唔㖞看稀罕,快宣,快宣,佫无阮要撺刀来相战。(睽恒恒,观者如堵)

乙　抑佫撺刀咧相战,公交车开去啊,咱咧相骂,错过末仔班。

甲乙　(合)汝看咱两个,相骂错过末仔班,办事佫拖延。可见着来创平安啊创平安,佫无着怨叹,生活、学习、工作都"免谈"(普通话)。所以政府出大力排除一切困难,对着群众来宣传,创建咱厦门平安。

六合彩唔通哲

（答嘴鼓）

乙　喂,汝最近是去都落做游客,偌煞无伫叫啉茶,相拄也唔叫到恁兜坐。

甲　敢有去做客,也唔是唔叫汝阮兜坐,讲出来真歹势,我甲阮某两个,规日吃饱咧读册,拼甲无闲嗵去阮某的外家。

乙　真好！人生是短短,要拼无几个年月。

甲　多谢汝的呵咾。不是我咧练瘦牙,恰早我少年家,处处甲人相对格,规日不读册,跑去溪边捉虾。

乙　人讲无读册连讲话拢无势,无知识就无通天的武艺。

甲　讲得好,恰早不读册,害我即阵头壳憨势势。赚无人民币,逼使我岁声吃到做老爸,重新咧读册。

乙　请问一下,汝咧读啥册,敢是《水浒》《红楼》互汝读甲即入迷？

甲　无咧,即种古册我读无册。

乙　抑无就是读科技栽培咧种茶。

甲　我无咧甲汝读啥科技XYZ。

乙　到底读啥册,请汝讲详细。

甲　我咧读六合大全即本册。

乙　我听了强强要顿土坐。讲了真认真,读读迄种什么册。呣惊歹势,佫伫咧颠爹。

甲　六合大全内中有好马,买着现趁四十倍。

乙　有啥好马,奚拢是老曾的设计,互汝读甲憨世世,了甲光溦溦。

甲　无咧听汝咧乱说,汝逗呣知我上期趁偌侪?

乙　嘿,看汝这痴迷,我也不甲汝五叉八耙。即阵是啥风声,汝佫敢买马,呣惊警察甲汝掠去关半个月。

甲　呸呸,看汝狗嘴吐不出象牙!

乙　好啊,看汝讲了几大把,面啊狯红佫狯歹势。

甲　今日运气佫狯歹,赶紧来去买六合彩。六合彩,鼠牛虎兔人人爱,买了发大财。

乙　看汝嘴仔裂裂狮狮,狯输搬戏咧闹台,敢有好空咧分人知。

甲　分人知?憨大呆才咧分人知!俗语讲,腹内自己刮,歹空才报人互伊倒头栽。

乙　几时心肝变甲赫尼歹,原来汝是互马所害,自私自利自意爱。

甲　呣嗵骂我骂甲面红歹下台。呣是呣互汝知,我看

六合彩唔嗵砉

汝尖嘴佫猴腮,徛厝今年又无利,无福不打紧,可惜佫会互人害。玄机报汝知,汝煞砉猪,押我即只猪八戒,砉着猪涝屎。

乙　看汝规即个拢变歹,无甲汝呵咾几句呀,汝就呜醒来。

甲　听呵咾嘛呜歹,汝请我有闲。

乙　讲历史几年前,汝是士农工商真厉害,英俊飘撇好人才,焦妻焦到坝仔内,老少男女拢意爱。

甲　称采,称采,就听汝继续呵咾看睐。

乙　较早汝真有钱,厝内电视几侪台,出门摩托骑剑牌,腰扎大徛呆,银行存款是几十万佫一千。乐善好施人称采,干拉评奖嘛评几侪摆。

甲　汝真是好口才,嘴尖舌利真厉害。

乙　什么厉害,请问一下,汝即阵敢有往过的风采。

甲　遮——

乙　唔免遮甲奚。自从汝咧买马,银行存款输甲光潵潵,家庭从此有欠债,汝还佫敢讲汝顶期趁佫侪。

乙　唔免遮甲奚。今仔日我着发挥多管闲事的风格,劝咱厝边头尾,六合千万唔嗵砉,生活则会较好过。

甲　六合彩为什么唔嗵砉,请汝讲详细。

乙　香港咧开马,甲咱福利彩票同一体。地下财庄生屎生秽,非法印刷什么马册,将广大彩民创甲遮痴迷,憨憨拿钱乎伊佫讲"谢谢"(普通话)。来

来,无讲汝呣知,十二生肖,岁声加座位就是猪,也就是咱咧讲的亥。譬如讲,鼠今年九岁加一位等于十,十岁是今年的亥。其实伊咧骂咱是猪,便砉就受害。即就是我头挂仔啊所讲的,有啥好马,奚拢是老曾的设计。俗语说:蚀本生意无人要做,若是老曾无少想咱的人民币,伊着无创什么马互咱砉。

甲 原来伊是安尼生,莫怪伊会使唆人去砉孤马,讲什么便着趁落规布袋,害我了钱俗欠债。

乙 讲实的,看你砉马有啥笑料,劝人呣通买马遮入迷。

甲 有一期的马册,要钱叫人去看厦门大桥下,害我半夜三更跑到迄木朵,目珠四处憨憨砉,互人当成疯的;不但安尼生,害我迄时无挽茶,白白损失一大把,两个翁某相打又冤家。

乙 厝边头厝边尾,看佫有什么好笑的问题。

甲 讲起来一大把,简单讲讲较煞歹势。有人跟瘠的憨憨涉,问看伊有什么好马;有人问马打着110,金金看警察来到面头前;有人输甲光溯溯,农药攑起一啉放下躺。

乙 有人无顾生活去买马,要死佫害大家,口袋牵电灯光溯溯。抑着抢劫兼偷攑,严重危害社会治安甲经济,结果互人掠去游街落落涉,从此呣免甲人做人佫无发挂面皮。

六合彩唔啴着

甲 我着对汝说谢谢,若无汝即款劈柴劈甲淌柴架,我煞唔知老曾的势下,今仔日嘛佮想要着马,时到唔知佮着佮了几叠的人民币。走走,来去阮厝坐。

乙 好,行!来去恁兜泡茶,相随劝咱厝边头尾。

甲乙 (合)六合彩千万唔啴着!

戴燕燕作品

阮兜的大瓦厝

（闽南童谣情景剧）

序幕　讲古

（在古香古色的大瓦厝门口，几个孩子在下棋、嬉戏。一个孩子推门而出，喊"快来听讲古了"，一群孩子搬着竹椅围坐倾听）

讲古　（咳嗽两声清清嗓子）话说很久很久之前，马巷是闽南四大古镇之一。安祖啊起了一间一间的大瓦厝。伫大瓦厝内，大家互敬互爱，囡仔叫，老人笑，大家欢喜笑眯眯。汝看……

（说书人退场，全体孩子一起童谣表演）

唱　（《大瓦厝》）阮兜住伫大瓦厝，阮阿公仔起一间大九架厝。阮厝前厝后开阔佫大位，十二步柱中脊橼，门口前落前厅前房，东厅深井呤埕巷廊，大

门后落后厅后房后寿堂,后尾门。

唱 (《大瓦厝》)阮兜住伫大瓦厝,阮阿公仔起一间大九架厝;阮亲戚真侪什么拢有,三叔公、四婶婆、厝边头尾、亲戚五十;阿伯阿姆阿叔阿婶、阿姑阿丈阿姨阿妗、uncle uncle 阿舅!

第一幕 捣乱

(这时,从舞台两边来了两个城内的囝仔,东看西瞧)

甲 好玩,真趣味。
(甲招呼乙快来,两人边看童谣表演边捣乱)
甲 嘿嘿,汝听,佴念什么呢?
乙 呣知影,闽南话我也不太识。
甲 听样子,佮像是童谣,佮无,咱用普通话也念一段童谣,跟佴比一比?
乙 好嘞!

(两人商量了一段嘲笑人的童谣,清清嗓子)

合1 对面来了一阵娃,蹦蹦跳跳乐哈哈,普通话可能袂晓讲,满嘴拢是闽南话。
丙 (拉着丁的手撒娇)阿兄,佴讲咱袂晓说普通话,
丁 咱说一段普通话互佴听听。
合2 城里的同学欢迎汝,普通话水平袂输汝,汝佮要

阮兜的大瓦厝

想学闽南话,阮立马教给汝。

第二幕　冲突

甲　(叉腰生气)嘿嘿,竟敢笑话咱赡晓讲闽南话,来,咱甲個来一段

合1　(童谣)打铁哥,演铜锣,丈姆厝,好迌迌,坐交椅,挽仙桃,仙桃枝……(说不下去了,为难)

甲　接落来老师教什么来着?

乙　我拄者要问汝呢!

合2　哈哈哈!

甲　(不服气)有本事恁讲互阮听。

合2　(边唱边跳,童谣)打铁哥,演铜锣,丈姆厝,好迌迌,坐交椅,挽仙桃,仙桃枝,龙眼换荔枝,荔枝树尾红,叫狗咬丈人,丈人跑去避,龟咬鳖,鳖缩头,龟咬猴,猴落毛,粽蘸糖,糖甜甜,两人相争,粽蘸盐,盐咸咸,两人相粘。(手指着甲乙)

甲　赡使笑阮!

合2　呣是笑恁,是恁闽南话讲佫太差了!

乙　恁则太差了呢,拢什么年代了,佫住即种土老帽的大瓦厝。

甲　就是,阮兜拢住高楼,知影高楼吗?电梯"嗖"一下就到三十层阮兜了,(听呆了)没住过吧,乡巴佬!

合2　(吵起来)恁才乡巴佬呢!

第三幕 夸赞

丁 （出来劝解）恁唔通看即个大瓦厝,位遮出不少人才呢？

合1 遮佫会出人才？哈哈哈！

丁 不信,恁听。

丙 （唱童谣）阮兜的人拢真打拼,出门内外是好名声；阿兄读大学伫北京城,阿姐呀南曲唱到台湾真好听；阿爸去泰国印尼文化交流四界行,阮小叔仔吃头路在市政府办公厅。

甲乙问 伫都位咧？

合2 市政府办公厅！

戊 我来！阮兜的贡香出口第一名。

己 阮舅啊象棋大师世界行。

庚 海底放蚝放紫菜

辛 山上的红拉达是人人知。

众 对！

合2 （童谣）大瓦厝的人是真打拼,才有今日的好名声。生活甜佫甜,日子圆佫圆。甜佫甜,圆佫圆,打拼得人疼！打拼好名声！

甲 阮妈呀,恁遮真出赫侪人才啊？

合2 迄当然喽。

乙 呐恁现阵怎么样啊？

丁 听咱老爷爷讲古吧。

第四幕　和解

讲古　改革开放望春风,大瓦厝外新气象。科技发展入家门,人才引进火炬园。咱兜大路宽佫长,咱乡里的别墅是"金当当"……

甲　哇,恁兜唔呐有大瓦厝,佫有别墅!

乙　对不起,咱开始不礼貌,嘲笑恁啦。

合2　对不起。

合1　没关系,没关系!

丁　呐恁现在感觉大瓦厝怎么样?

甲　(竖起大拇指)好!太好了!

第五幕　认同

丙　那就互咱(合)唱起来吧!

童谣　(齐唱)世间好词是千万句,拢袂通呵咾汝大瓦厝,心内时常想着九架厝。想起细汉的囡仔伴,斗阵烰番薯。世间好词是千万句,拢袂通呵咾汝大瓦厝,心中时常想着九架厝。咱大瓦厝的囡啊仔,敢拼一定赢,敢拼一定赢!

(全体欢快唱着童谣,讲古的老爷爷也被孩子们请出场,其乐融融)

——剧终

彩色的青蛙

（闽南童谣情景剧）

（角色:红黄蓝绿橙紫黑七只青蛙、荷花姐姐、小鼹鼠、大树爷爷）

（背景:大树、荷花池、小土堆）

（道具:红、黄、蓝三个小桶,里面装着红黄蓝三种颜色的绸布当颜料;大画笔;七个绿青蛙的头饰或服装;玩具吉他、架子鼓、沙球等乐器）

（配乐:《月娘月光光》,从前奏到"月娘月光光,起厝田中央,树啊干花开香,亲像水花园"）

（寂静的田野,大树安静地站着,荷叶姐姐随风轻轻摆动,在柔美的音乐声中,光线渐渐亮,伴随着呱呱声,七只绿色的小青蛙蹦蹦跳跳地唱着闽南童谣《田蛤仔歌》入场）

（配乐:打击乐）

一只田蛤仔嘴阔阔,目周凸凸腹肚大,
三更半暝咧唸歌,呱、呱、呱、呱、呱、呱。

彩色的青蛙

（音效：风铃声）

荷叶姐姐 （伸个懒腰，打个哈欠，提意见）是啥人遮尼呀吵啊！唔互人睏好眠！原来是田蛤仔呀。（生气地手叉腰，念闽南童谣《田蛤仔》）（配乐：爵士乐）
一只田蛤仔四条腿，两蕊目周一支嘴，腹肚大大爱放屁，扑通！扑通！
扑通！扑通！跳落水，跳落水。

青蛙1 歹势，歹势，挂者不小心吵到汝，荷叶姐姐唅受气，明日柔汝去看戏。青蛙音乐会就要举行，乐手们怎么打扮更水气，请甲阮出主意。

荷叶姐姐 （不好意思）哦，是安尼啊。互我想睬看。有了，小鼹鼠，很机灵，伊肯定有好主意。

众 （一起叫）小鼹鼠、小鼹鼠！

小鼹鼠 （从小土堆里钻出来）（音效：铜铃声）我在遮哩！对了，大树爷爷见多识广，咱来问伊。

大树爷爷 （拍拍脑门）哈哈哈，真巧！恁看，我遮有昨日小画家留下的颜料，只要三种颜色，就互大家变一个款。

众 真实的？（大家好奇地围过来，舞弄着三种颜色的绸布，兴高采烈跳着）（配乐：恰恰舞）

青蛙1　（把画笔伸到红色的桶里,然后刷刷身子）
　　　　（音效:魔幻声）
　　　　红、黄、蓝,互我先来试看睏。
　　　　哈,有啥人见过红色的青蛙?

众　　　（高兴地拍手）（音效:欢呼声、鼓掌声）红丢丢的红青蛙!真水!

青蛙3　（钻进黄色的桶里,跳出来）（音效:神秘的水泡声）

青蛙5　（招呼大家）看呀,黄色的青蛙。

青蛙3　（得意地）我是一只黄澄澄的黄青蛙!

青蛙6　（把蓝色的桶往头上一浇,兴奋地大叫）看呀,蓝色的青蛙,我是一只——蓝色的蓝青蛙!

荷叶姐姐　（拿着画笔在黄、蓝的桶里蘸了蘸,往青蛙7身上画）来一点黄色,来一点蓝色,会变成什么颜色呢?

众　　　咦?俗变成绿青蛙了!颜色真趣味!

（橙色的青蛙、紫色的青蛙扭着屁股出来了）

青蛙2　奇怪,橙色的青蛙,紫色的青蛙,伊是怎么变成的呢?

青蛙5　（得意扬扬）告诉汝吧,蓝色加红色就变成了阮的颜色,紫色!

彩色的青蛙

青蛙4　（拍拍胸脯）我是橙色：红色加黄色就是我。

众　颜色真有趣！

（红青蛙和黄青蛙、橙青蛙快乐地拉起手围成一个圈跳起来）（配乐：欢快的节奏）

青蛙2　（一屁股坐到地上哭了）呜呜呜，恁把颜色都用上了，我还没化妆，怎么办？

（众青蛙你看我，我看看你，摊手耸肩：怎么办？怎么办？）

小鼹鼠安慰青蛙2　别急呀，互咱来想办法。有了！荷叶姐姐来帮忙，作阮的调色盘。

荷叶姐姐　好咧！

青蛙4　（手一指）（音效：烟花声）呀呀呀，来了一只黑色的青蛙，比墨水还要黑的黑青蛙。

小鼹鼠　像我一样黑的青蛙。

众　（异口同声，好奇地围上来）汝是怎么变成的？

青蛙2　（哈哈大笑）剩下的红色，剩下的黄色，剩下的蓝色，全都混在一起，就变成了……

众　（恍然大悟）黑色！

大树爷爷　（微笑着捋捋胡须）我没说错吧。红色、黄色、蓝色。原来，只要三种颜色，就能装扮出美丽的七彩青蛙！

众　（面向观众伸手邀请）一起来试一试吧！

青蛙1　青蛙音乐会现在开始！

众　（拿起乐器伴奏，跳起舞，唱起歌《青蛙真伟大》）

（配乐：《青蛙最伟大》）

咱拢是小青蛙，咕咕呱呱呱。

喜欢快乐的生活，

最爱说笑话。

咱拢是小青蛙，

咕咕呱呱呱。

每天快乐地唱歌，

心中志气大。

不做懒惰之蛙，

不做井底之蛙，

好好学本领来把害虫抓。

要做聪明之蛙，

要做勇敢之蛙，

铲恶除霸青蛙最伟大。

（音效：喝彩声、尖叫声、欢呼声、鼓掌声）

（青蛙一只一只跳起来）

七彩青蛙顶呱呱。

哆、来、咪、发、梭、拉、西……

彩色的青蛙

　　　　红、黄、蓝、绿、橙、紫、黑,
众　咱是最酷的"彩色青蛙"。
　　　　呱呱呱……
　　　　恰恰恰……
小鼹鼠　听,伊的歌声像星星在闪烁,像海浪在翻滚!
众　(伸出大拇指,摆造型,齐喊)
　　　　彩色的青蛙尚介赞!

(配乐:强有力的一连串结束鼓点)

棋　乐

（闽南童谣情景剧）

（道具：大磁性棋盘，象棋对联）
（服装：贴有棋子名称的戏服）
（音乐：原创闽南语歌曲《走象棋》）
（表演意图：以两名学生走象棋挑战、布阵、对弈的故事为引子，让身后棋子摆出象棋谱式，趣味演绎，借此普及象棋知识，弘扬中华传统文化，通过小棋王和挑战者在下棋过程中从骄傲到谦虚，懂得诚信是根本道理的剧情，宣扬快乐象棋开启智慧，润泽生命的理念）

场景一：挑战

生甲　（抱着大棋盘上场，东张西望）中国象棋真趣味，这帮大家里热棋。阮学堂办了一个象棋特色班，连石头桌子拢画棋盘。我，人送外号小棋王，特级大师郑一泓是阮师傅，啥人来甲我

棋 乐

杀一盘?(手上扬,作欢迎挑战状)

生乙 (跑跳出场,招手)嗨嗵砰风,嗨嗵砰风,棋王重枪伤,谁惊谁,赢我者来论英雄!

场景二:布阵

生乙 (手一挥)来,布阵。

(音乐声中,七种棋子着有各自标志的戏服,披挂上阵,粉墨登场,逐一在舞台上摆出象棋谱式)

场景三:对弈

生甲 (得意地落子)我先牵中炮;
生乙 我对屏风马;
生甲 我出兵;
生乙 我进卒;
生甲 马换炮,没计较;
生乙 车兑车,无相输;
生甲 出车跃马捣敌营;
生乙 进兵打炮冲王宫;
生甲 四面埋伏暗藏杀机;
生乙 兵来将挡化险为夷。(抚胸)好得,好得!
生甲 (得意扬扬状)注意看,将军!哈哈哈!
　　　看汝按都走,阮车马炮拢总有,
　　　计谋三十六,我心中有绝招,

汝表面不认输,心里暗叫苦。
哈哈,输的伊要来乖乖拜师傅!

生乙 (拍脑袋,懊恼)咳!走错一步!满盘拢输!(向前偷看生甲,面向观众作神秘状)看伊大悦溜溜,我来变神通。趁伊无注意,我要来偷吃一步。(蹑手蹑脚地退回,偷偷摆弄棋子)

生乙 看一下!

(下几步)

生甲 (大意,摊双手)没要紧!

生乙 注意看,解军返军!看阮的连军杀!我叫汝全军覆没。

生甲 (小声)双炮军咧!

生甲 (回过神来,大声)哇!遮厉害!看来换我要拜师!(鞠躬,谦虚作拜师状)

生乙 (捂脸)歹势!歹势!头先是我吐面偷吃步啦!(翻译:不好意思,不好意思,刚才是我要赖皮偷吃步啦!)

生甲 佫来一盘,这盘不准弈滑的哦!(翻译:再来一盘,这次不能再耍诈哦!)

生乙 好!友谊第一,比赛第二。

(生甲、生乙高兴地握手,继续下棋)

棋 乐

（生丙出场，唱《下象棋》）

> 下象棋，下象棋，大人孩子拢甲意。
> 汝来攻我来守，千军万马由在汝。
> 下象棋是真趣味，三十六计变化多，
> 兵来将挡象下四方，小卒过河变英雄。

生丙 （念）（棋子上场实战演绎，气势恢弘）
将帅不离九宫中，士止相随不出宫。
象飞四角营四方，车行横直任西东。
炮须隔子打一子，马行一步一尖冲。
唯卒只能行一步，过河小卒变英雄呀变英雄。

生丙 （唱）小小的四方阵，包含了多少故事，
陪伴阮一年又一年，才知道诚信是根本，是根本。

（棋子摆阵，大棋盘摆出象棋特级大师郑一泓赢得晋级赛的"铁骑突出"棋局。出示对联：横批"快乐象棋"，上联"开启智慧"，下联"润泽生命"）

五月节

(闽南童谣)

五月节,
钻芦黍,
人真侪,
挤挨挨。
乖的来,
歹的去,
保平安,
添福气。
来插榕,
勇龙龙。
来插艾,
勇身命。
绑肉粽,
挂厨房,
即哩香,
真正港。

五月节

扒龙船,
敲锣鼓,
争冠军,
强强滚。
念屈原,
千古传。
心相同,
一家人。
咚咚锵,
咚咚锵,
中国梦,
日日红。

黄海燕作品

虎王归来

（童话剧）

（时间：2011年某天）

（地点：森林里）

（人物：猴子，山中无老虎时的代理大王。
　　　　狐，百灵鸟，大象，老虎）

　（景：郁郁葱葱的森林里，有个森林议事厅，厅内有一宝座。猴子端坐其上，狐狸和大象分列两边）

（幕后音：山中无老虎的日子已经有很长一段时间了。这段日子，森林里的事务都由猴子来处理，老话说得好："山中无老虎，猴子称大王。"猴子做代理大王以来，在森林议事厅处理一切森林事务，不能说尽善尽美，但也井井有条。大小动物们和谐共处，表面上风平浪静）

狐狸　大王，您为了森林里大大小小的动物们可真谓是兢兢业业、呕心沥血、废寝忘食、披星戴月

......

大象　（假咳了两声）你词汇量挺大的嘛。少绕弯子了,转入正题吧。

猴子　（微笑,想跳起来站在椅子上,又忍住,端坐在椅子上）说吧,什么事？

狐狸　我是说,大王处理森林事务,实在是辛苦至极。眼看大王登基就快满五十年了,我们总得搞点什么活动来庆祝一下吧。

大象　说得有理。大王真是很不容易,我们是要举办个庆祝会,好好热闹一番。

猴子　我代理大王以来,是没少伤脑筋。但如果没有大家伙儿的齐心协力、共同努力,我们森林就没有和平美好的今天。所以说,功劳是属于大家的。

大象　依我看……

（百灵鸟匆匆上场,打断了他们的谈论）

百灵鸟　（气喘吁吁地）大王,大王,特大喜讯！特大喜讯！

狐狸　什么事匆匆忙忙的？没看见我们正和大王商量正事呢！

大象　小百灵,你喘口气,把话说清楚。别着急！

猴子　是啊,到底是什么事？看把你急的。

虎王归来

百灵鸟 大王,人类要放虎归山了!人类要把在动物园的老虎放归大自然。老虎大王就要回来啦!

(猴子脸色一变,说不出话来)

狐狸 (很激动)你说什么?你说什么?再说一遍!

百灵鸟 人类放虎归山了!咱们的老虎大王就要回来啦!

狐狸 (兴高采烈地)哦!太好了!(看到猴子后,马上收敛起笑容)

(幕后音:听到人类要放虎归山的消息,动物们当然也是几家欢喜几家愁)

猴子 (走下宝座,愁眉苦脸)这些无聊的人类!把老虎关进动物园本来好好的,干嘛又要放虎归山啊?我做大王,不也做得挺好的嘛!凭什么要让老虎回来,让他再当大王?再说,我这个大王还没当过瘾呢!唉,但是老虎一回来,这宝座肯定得让给他(不舍地上下抚摸着宝座)谁叫他天生就是当大王的命呢!我只不过是只猴子。

狐狸 (走到另一边,自言自语)这下好了!老虎大王

一回来,我们这些食肉动物就得救了!从那只该死的猴子当上大王后,我们的好日子就到头了。他制定了一套什么森林君子协议,要求我们这些食肉动物都改食谱,和那些食草动物一样,吃草,吃树叶,吃野果。瞧瞧!瞧瞧!把我都瘦成什么样?这风一大,我都得赶紧找棵大树抱着,要不早被风刮走了!老虎大王一回来,我们就能大开吃戒了!哈哈哈哈!哦,这肚子都开始叫了!

大象 老虎要回来了,这究竟是好事还是坏事?嗯,我得好好琢磨琢磨。

百灵鸟 (迷惑不解)大家这是怎么了?老虎大王要回来可是件好事啊,怎么都不太高兴的样子?

猴子 (又回到宝座旁,坐好,他清清嗓子)嗯,嗯!我说,大家伙儿,老虎大王要回来了,这真是件天大的好事啊!我们得来好好策划一下,如何迎接虎王归山?

(狐狸一把把猴子从宝座上扯下来)

狐狸 (趾高气扬)老虎大王就要回来了!你算哪根葱?还敢在我们大王的宝座上坐着!

(猴子很不满,但又没办法,只好干瞪眼)

大象　狐狸,你这见风使舵的老毛病还是改不了啊!为了我们整个森林,猴子毕竟也出了不少力气,费了不少脑筋。(他上前去真诚拉住了猴子的手,猴子很感激)我们还是一起来好好商量一下怎么欢迎虎王归山吧。

百灵鸟　我早就有个好主意了!先听我说,先听我说!我们所有的小鸟们站在树枝上,献出我们最悦耳动听的歌声,展开我们最漂亮华丽的羽毛,作为迎接虎王的欢迎曲。

大象　这主意不错!小百灵不愧是我们的森林歌星,想出来的点子这么赏心悦目。

猴子　我来补充一点,请森林里所有的动物都出来列队欢迎,每个人手上都得捧着礼物,可以是鲜花,也可以是水果,比如说红通通的苹果,黄澄澄的梨子,粉扑扑的桃子……

狐狸　笑话!虎大王才不像你们猴子,光吃水果!虎大王要的是肉!是胖乎乎的大公鸡,肥嘟嘟的山羊,圆滚滚的兔子。在虎王归山那天,我们一定要准备一大群活蹦乱跳的小动物,让虎大王来挑着吃。(内心独白:嘿嘿,这样我多少也能分点吃)

猴子　你这么残忍!我们森林里的所有动物都是一

家人,我们和谐相处了这么多年。你怎么能忍心让虎王吃我们的同胞骨肉?

百灵鸟 是啊,是啊!狐狸,你太坏了,竟然会出这样的馊主意!

大象 其实有些话憋在我心里很久了。我们五十年前制定的森林君子协议,到现在看来是不科学的。你们看看,由于食肉动物们都不允许吃肉了,他们个个瘦得皮包骨,狐狸不像狐狸,狼不像狼。导致食肉动物的种群数量不断减少。而食草动物们呢?由于没有了天敌的威胁,他们生生不息,肆意繁衍起来,种族数量是成倍地增长。森林里的草皮早就啃光了,连森林附近的草皮也所剩无几。自然环境遭到了严重破坏,生态失去了平衡。森林里的和平安宁只是表象,我们需要老虎大王重新来管理整个森林,恢复森林应有的秩序。

狐狸 (热烈鼓掌)大象,你说得太有道理了!你简直是个哲学家!哦,不,你是科学家!你说得对!我们食肉动物本就该吃肉。瞧,那个该死的什么君子协议!把我们给折磨得成了什么样?虎大王回来,我们一定要献上鲜嫩可口的小动物作为见面礼。

百灵鸟 这可怎么办?他们都要吃肉了,那我们那些可爱的小兔子、小鹿、小山羊们可要遭殃了!

虎王归来

　　大王,哦,猴子,猴子,你说怎么办?

猴子　什么怎么办?连我们自己都自身难保了。

(幕后音:在动物们还没商量出来个结果的时候,老虎回来了。他怯生生地走上了场。狐狸最先发现了他,便飞快地跑过去)

狐狸　(讨好地)亲爱的虎大王,您终于回来了!可想死我们了!我们正在商量如何欢迎您回来呢。

老虎　(后退了几步,很害怕的样子)你是谁?什么虎大王?

百灵鸟　这就是百兽之王——老虎吗?他的胆子比我还小?

猴子　今后,就是由这个胆小鬼来管理整个森林吗?

大象　哦,天哪!人类把所向无敌的百兽之王驯化成了胆小如鼠的纸老虎了!

(幕后音:故事到此结束,留给大家的是一串省略号。欲知后事如何,且听下回分解)

——剧终

陈美园作品

阮的番爿婆

（说唱）

童谣 挨啰挨，
　　　番爿载粟载米来饲鸡。
　　　鸡小粒，我买虾，
　　　虾小尾，我炊粿啊我炊粿。

唱 阮有一个番爿婆，
　　咱厝嫁去新加坡。
　　番爿婆，做人真够好，
　　逐个拢呵咾。

表 听阮阿嬷讲，困难时期生活苦，饿饥失顿穿狯烧……

唱 阮番爿婆番爿客，
　　记得唐山的兄弟姐妹。
　　寄来食品寄衫穿，
　　救济亲戚五月厝边头尾。

儿童旁白 好物件，好物件，寄来什么好物件？

大人旁答　水水的衫裤，
　　　　　颜色虽然花，
　　　　　有嗵穿较好无嗵穿，
　　　　　佫有雪文、面巾日用品。

儿童旁白　啊？拢是大人的，没有阮囡仔的。

大人旁答　急什么，咖啡、糖片佫牛奶，来，嘴张开！

儿童旁白　番爿婆有够好，想到真周到。

唱　阮有一个番爿婆，
　　　咱厝嫁去新加坡。
　　　番爿婆，做人真够好，
　　　逐个拢呵咾。
　　　困难时，年一兜，节一到，
　　　想起唐山物资无。
　　　大小包寄大哥，
　　　大小件寄大嫂。
　　　针车、手表、咔哒车；
　　　雨伞、丝仔袜，
　　　衫裤一套佫一套。

　　　最爱是故土，
　　　最想是唐山的路，
　　　最好听是乡音，
　　　最歹过是思亲的苦。

唱　阮有一个番爿婆，

阮的番爿婆

咱厝嫁去新加坡。
番爿婆,做人真够好,
逐个拢呵咾。

童谣 挨啰挨,
番爿载粟载米来饲鸡。
鸡小粒,我买虾,
虾小尾,我炊粿啊我炊粿。

阿爸真古意

(闽南童谣)

阿爸真古意,
牵牛攥犁担畚箕,
戴竹笠,带水鳖,
手捍锄头柄,
呣惊汗水满头滴。
一滴汗来一粒米,
欢喜收成大缸小瓮郑。

阿爸真古意,
斗阵小妹和小弟,
顾家庭,帮厝边,
从来不推辞,
逐个呵咾好兄弟。
亲情乡情满满是,
人缘很好无人甲伊比。

阿爸真古意

阿爸真古意,
照顾爸母真细致,
惊爸母,受饿饥。
三顿烧烧添,
惊俪受寒冷吱吱,
寒天烧被早准备。
有孝老人传到规乡里。

阿爸真古意,
有情佫有义,
勤俭佫骨力,
人人呵咾伊。